Peter Semlies

Herrenhaus und Bürgerschloss Bredeneek

Eine Einladung zu drei Rundgängen

Husum Verlag

Impressum

Erste Auflage 2022

Husum Druck-und Verlagsgesellschaft mbH u. Co. KG, Husum

ISBN 978-3-96717-104-4

Herausgeber
Förderverein Bürgerschloss Bredeneek e.V.

Texte
Vorwort: Dr. Norbert Langfeldt
Rundgänge, Zeittafel, Ein Bürgermeister-Wort geht in Erfüllung, Danksagungen: Peter Semlies
Ein Interview mit Jürgen Paustian: geführt von Margot und Peter Semlies
Gemeinnütziges Engagement auf Bredeneek: Dr. Oliver Winzer

Layout
Annette Brown

Fotos
Dirk Thede, s. auch Bildnachweis

Lageplan
Michael Tegethof

Printed in Germany

Gedruckt auf chlorfreiem Papier

Titelcover: Bürgerschloss Bredeneek, Ostseite mit Portikus
Rückwärtiges Cover: Bürgerschloss Bredeneek, Zweitportal am Nordflügel

Inhaltsverzeichnis

Lageplan

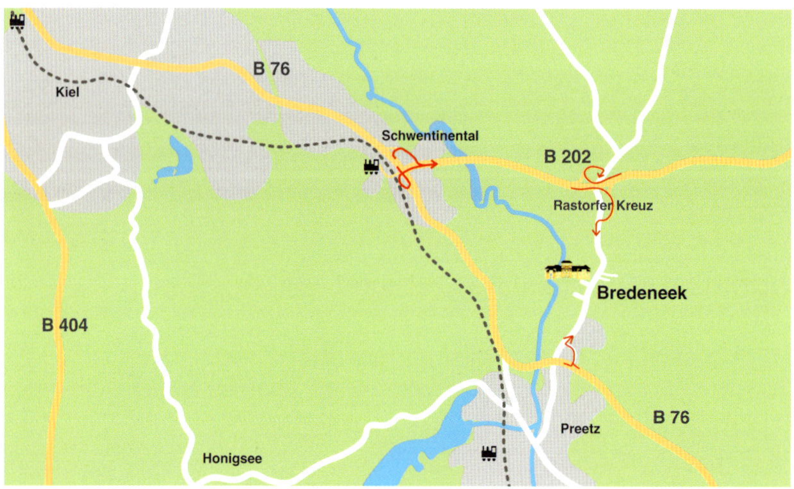

Kontakt

Für Anliegen, die den vorliegenden Führer betreffen:
`autor-herrenhaus-bredeneek@t-online.de`

Für Anliegen, die Bürgerschloss Bredeneek und seine Institutionen betreffen:
`dr-norbert-langfeldt@t-online.de`

Vorwort

Ein Schloss, das spricht? Ist es überhaupt ein Schloss?
Diese – zugegeben etwas ungewöhnlich anmutende – Art der Begleitung Ihres Besuches im „Schloss Bredeneek“ – soll Sie ansprechen und aufmerksam machen auf die vielen großen und kleinen auffälligen, zum Teil aber auch unauffälligen, verborgenen Eindrücke, die Ihnen auf Ihrem Rundgang begegnen und darauf warten, beachtet zu werden.

Bürgerschloss Bredeneek aus der Vogelperspektive, aufgenommen vom Autor des Vorworts, Mai 2001.

Peter Semlies hat in diesem Führer durch das Herrenhaus und den Schlosspark seine ihn persönlich in hohem Maße „ansprechenden“ Eindrücke selbst zu Wort kommen lassen. Er möchte Sie auf Ihrem Weg durch diese einmalige historische Stätte in einen Dialog mit den Sehenswürdigkeiten bringen und die Fragen, die Sie dabei stellen, mit diesem Führer beantworten.

Dazu waren umfangreiche Recherchen in verschiedenen Quellen notwendig und es mussten zahlreiche Gespräche mit Personen geführt werden, die die historischen Zusammenhänge in der jüngsten wie auch der älteren Vergangenheit kennen. Gleichzeitig musste dieses umfangreiche Material so geordnet und begrenzt werden, dass es in ein überschaubares und ansprechendes Format passt. Um Ihnen das Auffinden des Dargestellten zu erleichtern und ein Nachschlagen der Eindrücke zu Hause zu ermöglichen, wurden zahlreiche Fotos angefertigt und in den Text eingefügt.

Nach den Rundgängen taucht unweigerlich die Frage wieder auf, ist es nun ein Schloss oder nicht? Auch wenn es offiziell nur ein Herrenhaus ist. Für alle, die es kennen, ist es ein Schloss. Entscheiden Sie selbst!

Am Ende danke ich Herrn Peter Semlies für diese ungewöhnlichen Rundgänge durch das „Schloss Bredeneek“ sowie allen anderen Mitstreitern, die einen Anteil am Zustandekommen dieses Werkes haben.

Wir wünschen Ihnen viel Freude mit diesem kleinen, aber besonderen Führer des „Schlosses Bredeneek“.

Dr. Norbert Langfeldt
Ehem. Bürgermeister der Gemeinde Lehmkuhlen und Mitglied im Vorstand des Fördervereins Bürgerschloss Bredeneek e.V.

RUNDGANG 1: Lasst Bäume sprechen

Das Bürgerschloss Bredeneek heißt Sie, meine Damen und Herren, herzlich willkommen! Und weil unser Herrenhaus erst nachher wieder zu Ihnen spricht, fällt mir die Aufgabe zu, Ihren Wissensdurst zu löschen und Sie mit der Schönheit sowie den merkwürdigen Geheimnissen dieses Anwesens vertraut zu machen. Das meiste, was Sie hier sehen, ist nicht so alt, wie Sie vielleicht denken, sondern entstand zur Wende vom 19. zum 20. Jahrhundert, als der Autor **Theodor Fontane** starb und sein Kollege **Erich Kästner** geboren wurde. Theodor Fontane erwähne ich, weil Bredeneek für die Verfilmung seines Romans „Effi Briest" unter der Regie von **Rainer Werner Fassbinder** einige wesentliche Schauplätze beisteuerte.

Da fragen Sie mich natürlich, weshalb ich Sie nicht in preußischblauer Uniform, sondern in germanischer Tracht empfange, hergestellt aus grobem Leinen und Pelz. Dieses Geheimnis klären wir viel später. Jetzt nur so viel: Ich hoffe, auch Sie sind wetterfest angezogen, denn ein paar Minütchen werden wir draußen ein wenig spazieren gehen. Ich sehe Ungeduld auf Ihren Gesichtern. Selbstverständlich wollen Sie ins Bürgerschloss. Doch zunächst hören wir auf den eben genannten Erich Kästner. Er beginnt nämlich seine Memoiren mit einem Lob des Vorgartens: „Ich bin nicht dafür, dass die Besucher gleich mit der Tür ins Haus fallen. Es ist weder für die Besucher gut, noch fürs Haus." In seinem Waldgedicht ergänzt er: „Mit Bäumen kann man wie mit Brüdern reden."

Ähnlich dachte das Ehepaar **Conrad Hinrich III. Freiherr von Donner** und **Bodild Freifrau von Donner**, **geborene Gräfin von Holstein-Holsteinborg**.

Die beiden beauftragten nicht nur den Baumeister **Albert Petersen** mit der schlossartigen Vervielfachung des ursprünglich kleinen Landhauses, sondern ließen den Landschaftsarchitekten **Cosmos von Milde** einen 30 ha großen Park gestalten.

Conrad Hinrich III. Freiherr von Donner. Er ließ das kleine Herrenhaus Bredeneek zum heutigen schlossähnlichen Erscheinungsbild vergrößern.

Ähnlich dachte später das Landesamt für Denkmalpflege, als es nicht nur das Herrenhaus, sondern auch das gesamte Ensemble Bredeneek unter Denkmalschutz stellte.

Hier rund um das Bürgerschloss speisen Sie gewissermaßen das Sahnestück des Parks: das Arboretum. Sie wissen, ein Arboretum ist eine Pflanzung verschiedenartiger Bäume auf Abstand, so dass man ihre botanischen Besonderheiten studieren und ihre ästhetische Wirkung genießen kann. Also genießen Sie und

Architekt der Vergrößerung Bredeneeks war Albert Petersen. Etwa zeitgleich errichtete er die von Conrad Hinrich III. gestiftete Kirche in Othmarschen (heute zu Hamburg). Das Foto zeigt den Architekten (3. von links) und den Stifter (5. von links) bei der Übergabe des Kirchenschlüssels.

plaudern Sie – im Sinne Kästners – mit diesen Prachtexemplaren. Die von Donners und ihr Obergärtner von Milde mussten damals überwiegend mit frisch gepflanzten Bäumchen reden, quasi mit Pubertierenden. Jetzt unterhalten Sie sich mit ehrwürdigen Senioren. Wenn die Verständigung nicht gleich klappt, probieren Sie es auf Plattdeutsch, denn „Bredeneek" lässt sich ja auf das Niederdeutsche zurückführen und könnte auf Hochdeutsch „Breite Eiche" heißen. Vielleicht war ursprünglich noch ein „b" dabei. Dann wäre auf Hochdeutsch ein breiter Bach gemeint. Und zu einer malerischen Landschaft gehört natürlich ein Bach. Hier fließen sogar zwei: Die Schwentine und die Spolsau.

Spricht jemand von Ihnen Chinesisch oder Japanisch? Dann wenden Sie sich an die Säulenförmige Sicheltanne. Sie stammt aus Ostasien. Ablehnendes Stirnrunzeln? Klar, heute wissen wir, dass gebietsfremde Arten heimische Ökosysteme gefährlich durcheinanderbringen können. Die Botanikfreunde vor über hundert Jahren kannten solche Bedenken noch nicht. Damals liebten die Deutschen alles Exotische, nämlich Kolonialwaren wie die Sarotti-Schokolade, außerdem Hagenbecks Zirkus, Tierpark und Völkerschau. Als Fernhandelskaufmann schloss sich Herr von Donner diesem Trend auf dem Gebiet der Gartenkunst gerne an. Wir werden darauf noch zurückkommen. Zunächst möchte ich ergänzen, dass er auch als Reeder und Bankier sehr erfolgreich war. Die Berliner Zeitung zählte ihn im Jahr 1900 zu den 20 reichsten Männern der Welt.

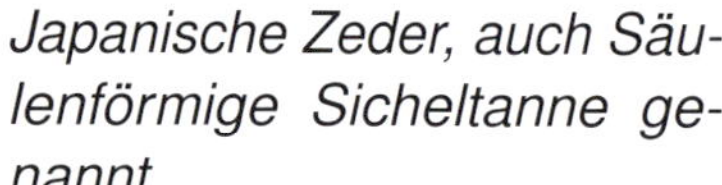

Japanische Zeder, auch Säulenförmige Sicheltanne genannt.

– Yes, of course! Ihr Englisch hören unsere welterfahrenen Bäume ebenfalls gerne. Denn wir erkunden hier eine Parkanlage, die die Fachleute den Englischen Garten nennen. Einige von Ihnen haben diesen historischen Park-Typ in seinem Ursprungsland oder z.B. in München erlebt: Dem Anschein nach so gewachsen, wie es die Natur will, aber nach einem unauffälligen Plan des Gärtners. – Seit dem späten 18. Jahrhundert die freiheitliche Alternative zum streng geometrisch gestylten Barockgarten. In den Schlossgärten von Versailles oder Gottorf oder an den Hecken mancher Privatgärten fällt auf, dass dort nicht der Wille der Natur, sondern das menschliche Lineal regiert.

Im Bredeneeker Arboretum wird jedes Lineal schon wegen des gewellten Bodens machtlos. Und jetzt ein entschiedenes „no!“: Die lieblichen Hügel verdanken wir nicht der Eiszeit, sondern **Cosmos von Milde**.

Unter der Bodenwelle rechts verläuft der unterirdische Gang zwischen Herrenhaus und Gestüt.

Anders gesagt: Den fleißigen Arbeitskräften, die bei der gewaltigen Erweiterung des Herrenhauses einen ansehnlichen Keller-Aushub zusammenschaufelten. In einer der Bodenwellen versteckt sich ein unterirdischer Gang vom Herrenhaus zum Gestüt. Ich ahne, woran Sie jetzt denken. Nämlich an einen geheimen unterirdischen Fluchtweg für brenzlige Situationen: Im flackernden Lichtschein qualmender Fackeln entkommen Verfolgte mit knapper Not ihren erbarmungslosen Peinigern – und das zu Pferde! Stop! Zu uralten Zeiten kommen wir gleich. In diesem Gang wurde auf recht moderne Weise die Versorgungs-Infrastruktur verlegt.

Noch Fragen? – Wie ich heiße? Oh, Entschuldigung, ich habe mich noch gar nicht vorgestellt. Nennen Sie mich einfach **Karl**, aber bitte nicht Karlchen. Das passt nicht zu meiner Konfektionsgröße.

Und Karl erlaubt Ihnen endlich, das Gebäude selbst anzuschauen. Zunächst die rückwärtige Außenfront:

Bredeneeks Westfassade (Teilansicht).

Ein wenig unübersichtlich, nicht wahr? Wir kriegen diese virtuose Anordnung aus Loggien und Erkern am besten in den Griff, wenn wir uns auf die mal runden, mal eckig-flächigen Säulen konzentrieren und auch sie als Arboretum verstehen. „Verstehen“ nehmen wir ganz wörtlich und reden mit ihnen wie vorhin mit den Bäumen.

Wir fragen sie gleich mal, ob sie sich missverstanden fühlen, wenn wir sie mit Gehölzen in Verbindung bringen. „Ganz und gar nicht“, antworten sie. „Als die alten Griechen, nämlich die ganz alten Griechen, ihre ersten Tempel errichteten, z.B. am Ort ihrer Olympischen Spiele,

Die erweiterten Ausmaße Bredeneeks umschließen einen großzügigen, schattigen Innenhof.

fertigten sie die Säulen und das Dachgebälk aus Holz. Sie zimmerten aber nicht willkürlich vor sich hin, sondern setzten auf die schlanken Stützen einen flachen Dreiecksgiebel. So schufen sie ein ästhetisches Miteinander zwischen der Senkrechten und der Waagerechten, also ein Bild vollkommener Harmonie, wie es hier beide Erker zum Ausdruck bringen.“ Diese – einfach schöne – Bauweise wurde zur internationalen Erfolgsgeschichte: Von den griechischen zu den römischen Tempeln über die Villen der Renaissance bis zum europäischen Klassizismus des 18. Jahrhunderts, der die USA mit dem griechisch-römisch anmutenden Regierungsviertel ausstattete. Übrigens, in den US-Südstaaten kehrte der Klassizismus gerne zur uralten Holzbauweise zurück.

Wenn wir uns um den deutschen Klassizismus kümmern – Sie ahnen es schon –, kommen wir an **Johann Wolfgang von Goethe** nicht vorbei. Sein berühmtes Lied „Kennst du das Land, wo

Ionische Säule.

die Zitronen blühn?", von zahlreichen Komponisten vertont, besingt nicht nur die Früchte des Mittelmeerraums, sondern auch die faszinierende Säulenarchitektur.

Der Refrain beschwört die uns allen vertraute Sehnsucht nach dem Süden. Für so große Gefühle brauchen wir größere Säulen. Folgen Sie mir bitte zum Haupteingang. Sagen Sie selbst: „Haupteingang" klingt für solche monumentalen Säulen viel zu schäbig. „Portal" passt schon besser. Aber weil wir hier vor einer Art Halle stehen, begrüßen wir sie als „Portikus". Dringend brauchen wir jetzt einen weiteren Fachausdruck: das Kapitell. Das ist gewissermaßen die Baumkrone einer Säule. Bisher haben wir mit ionischen Säulen geplaudert, die immer von einer doppelten Spirale gekrönt sind. Wie Sie auf den 5-€- oder 50-€-Scheinen erkennen, eignen sich ionische Kapitelle zur Gestaltung einer Wand. Diesen freistehenden Portikussäulen steht das sogenannte korinthische Kapitell viel besser. Nun wollen Sie wissen, warum die Blätterkrone nach Korinth benannt wurde. Ausnahmsweise passe ich.

Giebel-Wappen als Namensschilder: Türme für die Hausherrin, eine geborene von Holstein-Holsteinborg. Blitze für den Hausherrn von Donner. Anzahl und Schmuck der Helme weisen ihr den höheren Rang zu.

Anders als bei der namensgleichen Weinbeere hat noch niemand eine wirklich überzeugende Verbindung zu der griechischen Stadt hergestellt. Immerhin kann ich die steinernen Blätter bestimmen. Sie sind der mediterranen Akanthus-Pflanze nachempfunden.

Das Akanthus-Kraut wuchert kräftig. Das tut es sogar am Portikus. Sehen Sie nur, wie prächtig es in den Giebel hineingewachsen ist! So vital lebt die Kunst der alten Griechen und Römer weiter im Neoklassizismus zur Wende vom 19. zum 20. Jahrhundert. Übrigens auch noch in der Postmoderne zur Wende vom 20. zu unserem 21. Jahrhundert. Schauen Sie sich z.B. bei Gelegenheit die teils roten, teils gelben ionischen und korinthischen

Säulen von 1990 auf der Piazza d´Italia in New Orleans an. Wie bitte? Sie lassen nur strahlendes Weiß zu, wenn die Architektur uns an das Altertum erinnern soll? Falsch! Die Menschen des Altertums mochten den Marmor nur dann, wenn er farbig übermalt war.

Korinthische Säulen tragen den Giebel der zentralen Eingangshalle.

Der Portikus im zarten Bredeneek-Gelb käme seinen antiken Vorbildern also näher als die weißgespülten Ruinen der Originale rund um das Mittelmeer, wenn er nicht ... Richtig: Die Wappen sind mutige Zutaten viel späterer Jahrhunderte.

Eingerahmt sind sie von einem streng dreinblickenden Greifvogel, der einige Körperteile vom Löwen geborgt hat und kurz Greif genannt wird, sowie einem Muskelmann mit Keule, der in der Wappenkunde Wilder Mann heißt. Die beiden symbolisieren Wachsamkeit und Stärke.

Wer, meine Damen und Herren, traut sich angesichts dieser wehrhaften Wächter, an der kunstgeschichtlichen Zulässigkeit des Doppelwappens zu zweifeln?

Statt zu meckern, machen wir uns an die Deutung. Die Blitze links verweisen gut erkennbar auf den Bauherrn von Donner. Bei den Burgtürmen rechts fällt uns der Mädchenname der Bauherrin wieder ein: von Holstein-Holsteinborg. Wenn der vielversprechende Doppelname Sie reizt, mehr zu erfahren, fragen Sie nicht die korinthischen Säulen. Heben Sie sich Ihre Frage für einen nordischen Ansprechpartner später im Inneren auf, denn – endlich, endlich – dürfen Sie eintreten. Ich gehe mal vor.

Bodild Freifrau von Donner, geborene Gräfin von Holstein-Holsteinborg. Ihr familiär-fürsorgliches Verhältnis zum Personal ist belegt, z.B. in den Memoiren des Botanikers Dr. Hermann Jacobsen, der in Bredeneek seine Gärtnerlehre absolvierte.

RUNDGANG 2: Lasst Räume sprechen

Stopp! Habe ich nicht um den Vortritt gebeten? Sie gehen jetzt nicht durch den Portikus in den Mitteltrakt, sondern folgen mir bitte in den rechten Seitenflügel.

An den beiden ionischen Säulen erkennen Sie, dass ich Sie nicht in ein Türchen für Dienstboten scheuche. Ganz im Gegenteil: Wir durchschreiten das ehemalige Hauptportal. Nun stehen wir in der Eingangshalle.

Heute Zweitportal am rechten Flügel, einst Hauptportal des kleinen Herrenhauses.

Ja, dieser rechte Flügel des gesamten Bauwerks war gewissermaßen die kleine Keimzelle des großen Bürgerschlosses.

Entworfen von dem Altonaer Architekten **Johann Matthias Hansen** für Conrad Hinrich von Donners Großvater. Er hieß wie sein Enkel Conrad Hinrich, also **Conrad Hinrich I.** Er entwickelte umsichtig und einfallsreich das Geschäftsmodell, das ihm und

Eingangshalle des rechten Flügels, die der Architekt Johann Matthias Hansen entwarf.

mehreren folgenden Generationen Reichtum und Ansehen sicherte. Die damals innovative Kombination von Handelshaus, Reederei, Spedition und Bank verknüpfte er mit Großgrundeigentum, wie z.B. Bredeneek, als Kapitalanlage und Statussymbol. Er arbeitete sich auf der gesellschaftlichen Bühne in eine Doppelrolle ein: Ein moderner Unternehmer, dessen Sachverstand in Finanzangelegenheiten der dänische König oft nutzte und mit ehrenvollen Titeln belohnte, – ein Gutsherr, zu dessen Privilegien die Aufsicht über den Dorfschulmeister gehörte.

– Meine Damen und Herren, was stellen Sie sich unter einem „Donnerschnupfen" vor? Bevor wir auf eine unappetitliche Bahn geraten, verrate ich Ihnen lieber gleich, dass Herrn Donners Schnupftabak so genannt wurde. Er produzierte ihn mit gutem Gewinn, bis seine Kaufmannsnase ihm rechtzeitig meldete, dass der Trend zur genussvoll niesenden Nase versiegte.

Ich sehe, einige von Ihnen rümpfen die Nasen. Also tippe ich mal etwas Ernsteres an, nämlich das Thema „Flucht", das aus der menschlichen Geschichte nicht wegzudenken ist, auch nicht aus der Geschichte der Familie Donner. Sowohl **Marie Anterrer**, die Mutter Conrad Hinrichs I., als auch **Elisabeth Willink**, seine Ehefrau, stammten aus Familien, die im 17. Jahrhundert aus

Glaubensgründen ihre Heimat verlassen mussten. Die Familie mütterlicherseits war in Frankreich verfolgt worden, die angeheiratete Familie in den Niederlanden.

Ionische Säule in der Eingangshalle des rechten Flügels.

Leider war Elisabeth Donner, geborene Willink, bereits gestorben, als das Herrenhaus um 1830 erbaut wurde. Aber der alte Goethe, der lebte zu dieser Zeit immer noch. Und wenn wir nun statt der Bäume Räume sprechen lassen, dann spricht das Vestibül – nein, es singt ein paar Verse aus Goethes Lied „Kennst du das Land, wo die Zitronen blühn?“ von vorhin: „Kennst du das Haus? Auf Säulen ruht sein Dach, Es glänzt der Saal, es schimmert das Gemach, Und Marmorbilder stehn und sehn mich an ...“

Sehen Sie sich um in dieser nicht nur neo-klassizistischen, sondern echt klassizistischen Harmonie. Nicht wahr, als ob Goethes Worte der Bauplan gewesen wären: Die tonnenförmig gewölbte Decke ruht auf ionischen Säulen. Die Stuckkassetten glänzen – besonders dank heutiger Lichtregie.

Dass die privaten Gemächer schummerig schimmern, werden Sie bestätigen, wenn Sie sich mal im Kino oder TV „Erbarmen“ anschauen, verfilmt nach **Jussi Adler-Olsen**s gleichnamigem Thriller. Spannende Szenen wurden in und um Bredeneek gedreht.

Conrad Hinrich I. Donner: Bauherr des kleinen Herrenhauses (um 1830), heute rechter Flügel.

– Ja gut, jetzt dürfen Sie mal „Stopp!" rufen. Von Goethes Marmorbildern kann ich Ihnen nur die leeren Nischen zeigen. Deshalb zurück zur dänischen Filmkunst – ganz weit zurück. Als die Bilder noch nicht laufen gelernt hatten und noch nicht an die Wand projiziert wurden, malte man sie als Friese an die Wand. Oft wurden sie als Reliefe gefertigt. So konnte man per Abguss Abzüge machen. Legen Sie die Köpfe in den Nacken, gerade wie im Kino, vorderste Sitzreihe: Karl präsentiert Ihnen einen „Film" von **Bertel Thorvaldsen**, dem berühmtesten Künstler des dänischen Klassizismus! Um in Gutsherrenkreisen nicht hochnäsig belächelt zu werden, reichte es nicht, ertragreiche Äcker und edle Pferde vorzuweisen. Auch auf musischem Gebiet wurden Kompetenz und Kostbarkeiten erwartet. Als Thorvaldsens Käufer und sogar Auftraggeber erfüllte Conrad Hinrich I. solche Anforderungen in hohem Maße.

Auf geht's! Wir wechseln von der kleinen, klassizistischen Eingangshalle durch den neoklassizistischen Portikus in die große

Conrad Hinrich I. begegnete in Italien dem berühmten dänischen Bildhauer Bertel Thorvaldsen. Die Reisebekanntschaft trug Früchte, z.B. dieses Wandrelief in der Eingangshalle des rechten Flügels.

Eingangshalle. Und weil die beiden Klassizismen sich ziemlich ähneln, gebe ich Ihnen die folgende Denkaufgabe mit auf den Weg: Kupfern Künstlerinnen und Künstler stets nur ab oder kann eine junge Generation etwas wirklich Neues schaffen? – Sie brauchen nicht mehr zu grübeln, denn wir stehen mitten in der Antwort, nämlich in der **Jugendstilhalle**. Sie ist nicht nur etwa viermal so lang und doppelt so hoch wie das Vestibül, sondern ganz anders. Wie anders? Rundbögen wie in einer mittelalterlichen Kirche oder einem Rittersaal, aber ... Fangen wir lieber mal so an: Sie nennen mich nicht mehr Karl, sondern französisch Charles, denn wir erkunden hier eine Außenstelle der fünften Pariser Weltausstellung im Jahre 1900. Doch, doch, Bredeneeks Handwerker waren mit der großen Erweiterung so gut wie fertig, als die Expo 1900 startete. Die beiden heute noch erhaltenen Pariser Ausstellungs-Palais wiederholten brav, was die Architekturgeschichte bis dahin an Pracht oder Protz zu bieten hatte. Aber unter den Ausstellern brillierten Überwinder dieses Historismus, u.a. Erfinder eines mit Erdnussöl betriebenen Dieselmotors sowie Künstler des Jugendstils, französisch Art nouveau. Das Grand Palais zeigte, dass aus Glas nicht nur Gucklöcher, sondern jedes Gebäudeelement, z.B. ein Dach, gefertigt werden kann. Wenn sich Kunst und Handwerk zum Kunsthandwerk verbünden, wie es im Jugendstil sehr verbreitet ist, dann geht mit Glas noch sehr viel mehr. Das wissen Sie, denn vor Ihrem geistigen Auge leuchtet die bunte Glaskunst des US-Amerikaners Louis Comfort Tiffany, der zu den Jugendstil-Stars mehrerer Weltausstellungen gehörte.

Leuchtkräfte der Moderne um 1900: Elektrisches Licht und Glanz des gläsernen Jugendstils.

Nun, verehrte Damen und Herren, richten Sie Ihre körperlichen Augen in die Höhe. Und Sie erkennen an unserem gläsernen Dach, dass der Jugendstil seine Ornamente lieber aus dem Formenreichtum der Pflanzenwelt zusammenpuzzelt als aus dem historistischen Lexikon der Baustile. Können Sie die Pflanzen bestimmen, die mit lichtem Grün und zartem Gelb dem Schwarzmarmor der Säulen und des Kamins die finster-mittelalterliche Wirkung nehmen? Nein, das können Sie natürlich nicht, weil der Jugendstil auf eine biologisch korrekte Wiedergabe der Natur pfeift, sondern das Natürliche mutig verwandelt und so die abstrakte Kunst schon ein wenig vorbereitet. Weshalb regt sich da Protest? Ach so, Sie finden es hier doch sehr düster: Das geistige Auge mag sich keine Tiffany-Leuchte vorstellen und die anderen Augen sehnen sich zum hellen Klassizismus zurück. Entschuldigung! Ich sorge gleich für Licht. Nicht etwa mit einer übel qualmenden Fackel. Bedenken Sie, wir sind hier in einem Außenposten der Weltausstellung von 1900. Und die erfand den Eiffelturm der Weltausstellung von 1889 neu, indem sie ihn im Glanz von ein paar tausend Elektrolampen erstrahlen ließ. Knips! Nun ist es bei uns ebenfalls elektrisch hell, wie **Conrad Hinrich III. Freiherr von Donner** es haben wollte. Zu seinen zahlreichen geschäftlichen Aktivitäten gehörte die Gründung der „Hamburgischen Electrizitäts-Werke". Damit sein Herrenhaus wie Hamburg und Paris elektrifiziert werden konnte, investierte er in ein gutseigenes Kraftwerk.

Im klaren Schein der beiden Radleuchter fällt uns was wieder auf? Na klar: Säulen sind eigentlich Bäume, denn in diesen Kapitellen wachsen nicht nur Blätter, sondern sogar Eicheln und Kiefernzapfen. Das Blattwerk wuchert kräftig in die Höhe – ähnlich wie draußen am Giebel des Portikus – und umrahmt die

Auf den ersten Blick: Wuchtige Rundbögen mit klobigen Säulen wie im Mittelalter. Auf den zweiten Blick: Pflanzenhafte Jugendstil-Ornamente.

Glasarchitektur in dezentem Weiß. Sie lauschen angestrengt, ob auch diese Bäume sprechen. Sie vernehmen vielleicht ein schwaches Wispern.

Auf den dritten Blick: Die Säulen tragen nicht nur Bauteile, sondern auch Kiefernzapfen und Eicheln.

Dröhnend übertönt werden die Stimmchen von dem gewaltigen Kamin, der mit seiner zentralen Position in der Halle sich selbst das Wort erteilt. Wir hören ihm gerne zu, denn er erzählt von der aktionsreichen Szene auf dem Kaminfries – und die macht neugierig: Vier leicht bekleidete Frauen verfolgen mit fünf offensichtlich beißwütigen Hunden einen Mann, der als einziges Kleidungsstück ein Hirschgeweih auf dem Kopf trägt. Was spielt sich da ab? Der marmorne Erzähler gibt Auskunft, indem er uns in die griechische Sagenwelt entführt:

Wieder sind genauere Blicke zu empfehlen: Ignatius Taschners Kaminfries zeigt die Rache der griechischen Jagdgöttin Artemis (römisch: Diana). Den Auftrag zu dieser bewegten Szene in Bronze erteilte 1905 Conrad Hinrich III. Freiherr von Donner.

„Einst badete die Jagdgöttin Artemis, bei den Römern Diana genannt, mit ihren halbgöttlichen Begleiterinnen in einem Waldsee. Vielleicht zufällig nahte der Prinz Aktäon, der in dieser Gegend jagte. Artemis mochte nicht hüllenlos von einem Fremden gesehen werden. In einem ähnlichen Fall hatte sie den unerwünschten Beobachter in eine Frau verwandelt. Den Aktäon verzauberte sie in einen Hirsch, was erheblich schlimmer war, denn nun zerfleischten ihn seine eigenen Jagdhunde.“ Aktäons Schicksal wurde in der bildenden Kunst häufig aufgegriffen, z.B. von Tizian und Rembrandt. Auch die Bredeneeker Version stammt von einem Künstler, den wir uns merken müssen: **Ignatius Taschner**!

In vielfältiger Weise setzte er sich mit dem Jugendstil auseinander, z.B. als Maler, Zeichner, Grafiker und besonders als Bildhauer. Wenn Sie mal wieder nach Lübeck oder Berlin kommen,

Ignatius Taschners Selbstporträt. Bekannt wurde der stilistisch und technisch vielseitige Künstler z.B. durch seine Figuren für den Berliner Märchenbrunnen. Bemerkenswert ist auch sein Schiller-Denkmal in St. Paul/USA.

forschen Sie dort nach Taschners Kunst am Bau. Paris lässt noch mal grüßen: Taschner gehörte zu den Ausstellern auf der Expo 1900.

Ich bin mit der Aktäon-Geschichte nicht ganz fertig. In der Sagenwelt werden nicht nur Personen verwandelt, sondern beim Weiter- und Weitererzählen verändern sich bekanntlich die Details. So nahm die Anzahl der Hunde stetig zu, bis sie in den römischen Fassungen auf 35 oder sogar 81 stieg. Stellen Sie sich mal vor, Ignatius Taschner hätte Decke und Wände mit 81 bissigen Kötern ausgestattet. Zum Glück beschränkte er sich auf die ältere Überlieferung. Seit wir die exakten Wissenschaften haben, gibt es das natürlich nicht mehr, dass vom selben Sachverhalt so unterschiedlich berichtet wird. Wirklich nicht? Zweifelsfrei erwiesen ist, dass Taschner seinen Aktäon-Bronzefries für diesen Kamin schuf und dass wir jetzt einen perfekten Abguss bewundern dürfen, der das Original an Glanz übertrifft.

Daneben findet sich der konkurrierende Überlieferungsstrang, demzufolge Taschner entscheidend daran mitgewirkt habe, den gesamten Raum als Jugendstilhalle zu gestalten.

Hallo! Sie dahinten! Was fällt Ihnen ein, die Wand anzustarren? Ich erwarte volle Aufmerksamkeit, auch wenn es mal etwas komplizierter – ach so. Ihnen ist an der Tapete etwas Sonderbares aufgefallen. Ja, da haben Sie wirklich eine tolle Entdeckung gemacht. Das schauen wir uns jetzt alle mal an: 180 Namen in sauberen Druckbuchstaben als Wandschmuck.

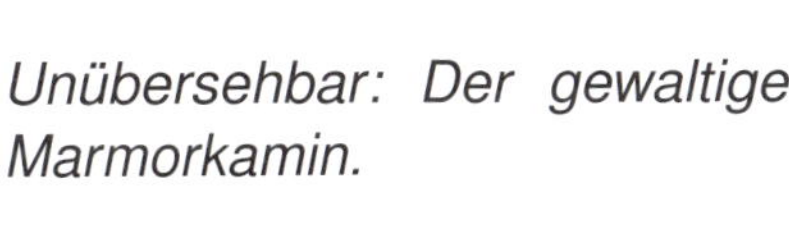

Unübersehbar: Der gewaltige Marmorkamin.

Wir stehen gewissermaßen vor dem Gästebuch im Hause von Donner und es liest sich wie ein Adelsverzeichnis Schleswig-Holsteins. Manch eine Familie kommt Ihnen bekannt vor. Z.B. werden Sie sich erinnern, dass der beliebte Spaßvogel Loriot ein echter **von Bülow** war.

Haben Sie Lust, Ihr Zuhause auf die gleiche Weise zu verzieren? Dann übernehmen Sie auch die kurzen waagerechten Linien, die die Körpergröße der Gäste angeben. Sicher kommt Ihr Besuch

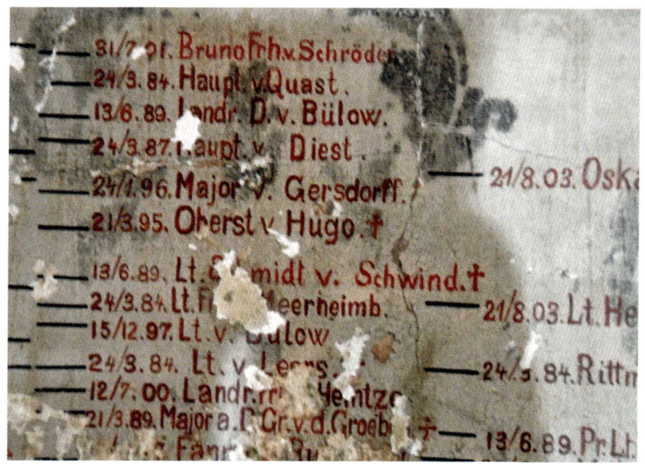

Zu lesen wie ein Adels-Handbuch: Gäste-Namen an der Tapete (Ausschnitt).

sogar ohne High Heels der Zweimetermarke erheblich näher als die damaligen Gäste.

Das wäre ein kleiner Beitrag zur Erforschung der menschlichen Körpergröße im Laufe der Geschichte. Dabei darf man nicht alle Vorfahren über einen Kamm scheren. Wenn ich da an einen gewissen mittelalterlichen Kaiser von über 1,80 m oder sogar über 1,90 m denke – aber das gehört noch gar nicht hierher.

Wir besuchen lieber den Raum nebenan. Wieder brennt ein Kamin darauf, uns etwas zu erzählen. Anders als sein Kollege in der Jugendstilhalle beherrscht er das Zimmer nicht. Er duckt sich bescheiden unter einem kolossalen Fliesen-Gemälde in Blautönen, die an die Delfter Keramik erinnern. Er möchte Ihnen erklären, was Sie darauf sehen.

Ich sehe energisches Kopfschütteln. Sie brauchen keine Erklärung? Das kenne doch jeder: Schloss Glücksburg bei Flensburg.

Wegen der Fliesenmalerei in Delfter Blautönen wird dieses Zimmer gerne Blauer Salon genannt.

Falsch! Wissen Sie denn wenigstens noch den Mädchennamen der Bauherrin? Richtig: **von Holstein-Holsteinborg**! Als Ehefrau dachte sie wohl hin und wieder an ihre Herkunft aus der Holsteinborger Linie der Familie von Holstein zurück – auch an bedeutende Herren von Holstein im Dienste der dänischen Politik. Dann konnte sie sich hier an den Kamin setzen, sofern ihre Aufgaben als Hausherrin dies zuließen, und betrachtete „ihre" Holsteinborg als Wandbild.

Falls Sie mal auf der dänischen Insel Seeland das Herrenhaus Holsteinborg als backsteinrotes Original betrachten, verwechseln Sie es bestimmt nicht mehr. Ich möchte Ihren Glücksburger Irrtum sogar zu einem fast richtigen Glückstreffer aufwerten. Denn im Ranking der glücklichen Länder liegt Dänemark ja immer wieder auf den ersten Plätzen. Warum das so ist? Die Glücksforschung nennt viele Antworten. Meine Lieblingsantwort lautet: hyggelig.

Dieses dänische Schlüsselwort hat es sich in der deutschen Sprache zwischen „behaglich“ und „gemütlich“ ja schon richtig gemütlich gemacht.

Das Fliesenbild der Holsteinborg auf der dänischen Insel Seeland erinnerte die Hausherrin Bodild von Donner, geborene Gräfin von Holstein-Holsteinborg, an ihre Heimat.

Schauen Sie sich mal in dem **Holsteinborgraum** um, wegen der blauen Fliesen auch **Blauer Salon** genannt: Wie in vielen anderen Räumen begegnen wir wieder den Bäumen – in ihrer natürlichen Farbpalette, z.B. als Parkett, als Täfelung der Wände und der Decke, als Einfassung der Kamin- und Fliesennische. Verglichen mit der Jugendstilhalle wirkt dieser Salon heimelig klein und doch nicht vollgestopft. Denken Sie sich Tee oder Glögg hinzu. Auf die kuschelige Decke können wir verzichten, denn die Kamine wurden durch eine Heizung auf dem neuesten Stand der damaligen Technik ergänzt.

Ja richtig: Wir schlagen ein gutes Buch auf, eventuell Andersens Märchen, die übrigens zu einem großen Teil auf Holsteinborg erdacht wurden. Na, das ist hier doch herrlich hyggelig!!! – Manche hyggen noch nicht so richtig. Ich gebe zu: Bei helleren Holzsorten ist der Hygge-Faktor höher, aber der Preis niedriger. Mahagoni macht in einem Herrenhaus einfach mehr her.

Sieh mal an. Das Gästebuch-Grüppchen ist wieder abtrünnig und guckt sich die drei kleinformatigen Fliesenbilder unterhalb Holsteinborgs an. Die Eheleute von Donner machten es vielleicht ebenso. Und zwar wird das mittlere Motiv sie besonders glücklich gestimmt haben. Es zeigt die Christuskirche in Hamburg-Othmarschen, erbaut vom Architekten **Albert Petersen**. Sie erinnern sich: Er erweiterte das Landhaus Bredeneek zu seinen heutigen Ausmaßen. Das Ehepaar von Donner hatte das englisch anmutende Gotteshaus gestiftet. Beim Stichwort „stiften“ fällt mir eine Quizfrage ein: Was steht im Grundgesetz zum Thema „Eigentum“? Ganz richtig: „Eigentum verpflichtet“. Im 19. Jahrhundert gab es unser Grundgesetz natürlich noch nicht. Aber es gab Unternehmer, die diese Pflicht als Ehrenkodex ihres Standes auffassten. Zu diesen gehörte schon **Conrad Hinrich I.** Er unterstützte besonders das Schulwesen. **Conrad Hinrich III.** setzte die wohltätige Familientradition fort und ergänzte sie durch eine betriebliche Altersvorsorge. Sein soziales Engagement trug dazu bei, dass er nicht nur ein „von“ im Namen tragen durfte, sondern schließlich auch in den Freiherrn-Stand erhoben wurde.

Fliesenbild der Christuskirche in Othmarschen (heute zu Hamburg), gestiftet von Conrad Hinrich III.

Die rechts abgebildete Schillerburg in Hamburg-Övelgönne löste nur bedingt Glücksgefühle aus. Das wundert Sie, denn der Name klingt doch vielversprechend. Schrieb Friedrich von Schiller auf dieser Burg wichtige Werke wie Christian Andersen auf Holsteinborg? Falsch! Auch nicht fast richtig! Schiller hieß der Voreigentümer und die historistischen Zinnen hätte man keine fünf Minuten lang verteidigen können, weil die Schillerburg eben keine Burg, sondern eine Villa war. Was die von Donners an diesem Sommerwohnsitz störte, waren der Zuckerbäckerstil und der zunehmende Lärm, den die Dampfschifffahrt und die Werften verbreiteten. Ja, Bredeneek war viel schöner und ruhiger. Gegen den Stil ließ sich etwas tun. Sie sehen, wie ein Walmdach mit Gaube die ehemalige Disney-Burg in ein Disney-Försterhaus verwandelt hat. Gegen den Lärm ließ sich nichts tun. Schiffs-Sirenen sind nun mal keine Waldhörner. Das Objekt wurde verkauft.

Fliesenbild der Villa Schillerburg in Övelgönne (heute zu Hamburg). Von Conrad Hinrich III. erworben, umgebaut, veräußert.

Fliesenbild des Jagdschlosses Wilhelmsruh. Conrad Hinrich III. setzte es mitten in sein westfälisches Waldgebiet.

Deutlich mehr Glück und Hörnerklang versprach das dritte Fliesenbild. Wir sehen hier das Jagdschlösschen **Wilhelmsruh**, eine weitere Von-Donner-Immobilie in absolut ruhiger Lage, nämlich mitten im Arnsberger Wald, auch Westfälisches Waldmeer genannt. Wer sich nun einen ausruhenden oder jagenden Kaiser Wilhelm vorstellt, liegt schon wieder falsch. Der Name bezieht sich – wieder mal – auf den Voreigentümer der umfangreichen Forstfläche. Später lautete der Name Conradsruh – Sie können sich denken, warum –, inzwischen St. Meinolf. Das Wilhelmsruher Glück bedeutete nicht nur Jagdglück. So wie das Bredeneeker Arboretum mit exotischen Bäumen ergänzt wurde, bekam der Arnsberger Wald, unterstützt von **Carl Hagenbeck**, einen Wildpark mit Zuzug aus Asien und Afrika, z.B. dem Vogel Strauß. Die ostasiatischen Sikahirsche bescheren Glück und Unglück zugleich. Nachdem sie ihre Umzäunung unerlaubt verlassen hatten, bevölkern sie das Waldmeer bis heute in Scharen, vertragen sich zwar mit dem heimischen Rotwild, richten in Wald und Feld jedoch manchen Schaden an.

Dass die von Donners stets die Nähe zur Natur suchten, besonders zur Natur in der Ferne, wird uns noch klarer, wenn wir das folgende Rätsel lösen: Mit dem Mikroskop sehen wir das Kleine groß, mit dem Teleskop das Ferne nah. Wie heißt das Instrument, mit dem wir durch Wände sehen? Kommen Sie mit in den Lieblingsraum der Hausherrin. – Hier sehen Sie problemlos durch die Außenwände, denn die bestehen fast nur aus den gesuchten Geräten, eben aus Fenstern. So genießen wir noch mal das Arboretum. Ich hätte natürlich gleich vom Wintergarten sprechen können. Doch ich möchte im Moment gar nicht mehr selbst sprechen, sondern lasse lieber Säulen erzählen.

Wie bitte? Sie sehen keine Säulen? Nein, ich lege Sie nicht schon

Hausherrin Bodild von Donner ließ im Wintergarten stets Blumen sprechen. Unterstützt wurde sie dabei von der Gutsgärtnerei, in deren Gewächshäusern sie zwischen mindestens vier Klimazonen hin und her reisen konnte.

wieder rein. Lassen Sie Ihren Blick ein wenig höher schweifen. Fein! Zwischen den Fenstern haben Sie die niedlichen korinthischen Säulen entdeckt. Sie sind zwar winzig im Vergleich zu ihren Kollegen vom Portikus. Doch hören Sie, was diese Wichte als Zeitzeugen der Zimmergartenkultur des frühen 20. Jahrhunderts mitzuteilen haben:

„Aus unserer Vogelperspektive blickten wir auf eine immergrüne Wohnlandschaft, in der bunte Blüten und saftige Früchte das Auge, den Geruchssinn und zuweilen die Zunge erfreuten. Diese Räumlichkeit, in der wir Frühling, Sommer und Herbst gleichzeitig erleben durften, nennen wir heute noch Orangerie, denn die Orangenbäume können blühen, wenn sie schon Früchte tragen. Wer durch den Glücksburger Schlosspark wandelte, weiß, dass eine Orangerie eigentlich ein Gewächshaus ist, das äußerlich ei-

Korinthische Säulen auch im Wintergarten. Hier nicht als starke Stützen, sondern zierlich.

nem Schloss gleicht. Als dort noch Fürsten herrschten, gewährte es den Zitrusgewächsen des Parks ein warmes Winterasyl. In Bredeneek dagegen gediehen in vier mächtigen, aber nüchtern-zweckhaft errichteten Gewächshäusern das ganze Jahr hindurch kostbare Pflanzen, von der Orchidee über den Weinstock bis zum Nektarinenbaum. Diese Stätten technischen Fortschritts und geschickter sowie harter Arbeit sorgten für Vielfalt und Wechsel im Wintergarten, außerdem für Blumenschmuck und hochwertige Speisen auf dem Esstisch. Erhalten geblieben von diesen gärtnerischen Erfolgen ist ein zart-rot blühender und ebenso zart duftender Kamelienbaum. Er lässt sich sogar bis in die Ära Conrad Hinrich I. zurückverfolgen und soll ein Geschenk des Architekten **Gottfried Semper** gewesen sein. Wie sein bekanntestes Werk, das Dresdener Opernhaus, beweist, ließ Semper nicht nur Kamelien, sondern auch den Historismus erblühen."

Farben und Formen der Boden-Keramik erinnern immer noch an die Zeit, als der Wintergarten einem echten Sommer- oder Frühlingsgarten glich.

Na, auf manchen Gesichtern grüßt das Sandmännchen. Wir sollten uns schleunigst an das halten, was wir hier in Bredeneek konkret zu sehen bekommen. Wie der Historismus – der Begriff fiel ja schon in unserer Expo-Außenstelle – historische Formen liebevoll neu verknüpft, möchte ich Ihnen mit einer munter machenden gymnastischen Übung für die Halswirbel nahebringen. Schauen Sie mit gesenktem Nacken auf die raffiniert zu einem Kreuz-Kreis-Muster zusammengestellten Fliesen. Die Fachbezeichnung „Mettlacher Platten" sagt Ihnen wohl wenig. Wenn ich Ihnen verrate, welches Unternehmen diese hartgebrannte Bodenkeramik nach englischem Vorbild entwickelt hat, wirft die Konkurrenz mir Schleichwerbung vor. Also erwähne ich ganz beiläufig, dass bei vielen die Teller und die Kloschüssel von Villeroy & Boch stammen. Zweiter Teil der Übung: Sie schreiten, jetzt hoch erhobenen Hauptes, geradeaus durch die nächsten drei Räume. Dabei erfahren Sie, dass der Historismus auch die

Decken eroberte, nämlich als Stuck. Wir treffen uns dann gleich im Kaulbachsaal, dem Sahnestück des Bürgerschlosses.

Oft übersehen: Die farbenfroh erneuerten Stuckdecken in den drei nach Westen weisenden Räumen.

RUNDGANG 3: Ein Kaiser hat das Wort

Ich begrüße Sie, meine Damen und Herren, im **Kaulbachsaal**, benannt nach dem Münchener Hofmaler **Wilhelm von Kaulbach**. Anders als im Wintergarten schauen Sie hier gegen Wände – aber ganz besondere Wände! Statt Tapete zwei große und zwei gewaltige Ölgemälde, nämlich Historienmalerei des 19. Jahrhunderts. So etwas finden Sie in Schleswig-Holstein kein zweites Mal! – Was reden Sie da? Sie hören mich, können mich aber nirgends sehen? Sehen Sie sich, bitte schön, die Bilder an. Dann erkennen Sie, wer zu Ihnen spricht. Richten Sie Ihre Aufmerksamkeit mal auf die riesige, querformatige Leinwand, durch die Sie hier hereingekommen sind, und lassen Sie Ihren Blick von der Lichtregie des Malers lenken.

August von Kreling: Die Hofschule Kaiser Karls in der Pfalz zu Ingelheim (Gesamtschau).

Genau: Die zentrale Lichtgestalt in hellen Pastelltönen mit der Krone, das bin ich, **Karl der Große**, König des Frankenreichs vom Atlantik bis Österreich, von Holstein bis zu den Pyrenäen und

Mittelitalien, obendrein römischer Kaiser! Wegen meiner gezielt eingestreuten Andeutungen war Ihnen doch schon längst klar, mit wem Sie es hier zu tun haben. – Was? Sie wollen nicht glauben, dass der schnauzbärtige Kerl in germanischer Bio-Mode, dem Sie bisher zugehört haben, derselbe ist wie der erhabene Herr in Öl mit Rauschebart, eingehüllt in viele Meter kostbarster Stoffe. Nun, da haben Sie gleich gelernt, was Historienmalerei war. Diese Gattung wollte nicht dokumentieren, was die Wissenschaften über die Vergangenheit herausgefunden haben, sondern mit perfektem Pinsel schildern, wie die jeweilige Gegenwart sich die Vergangenheit wünschte. Keine Sorge: Meine Stimme wird sich weiterhin an die Fakten halten. Doch aussehen werde ich in diesem wundersamen Saal jeweils so, wie der Historienmaler mich sehen wollte.

Der Titel des Werks, nämlich „**Die Hofschule Kaiser Karls in der Pfalz zu Ingelheim**“ wird Sie verwirren. Sie wissen zwar, dass eine Pfalz eine Art Palast war, was mit den Säulen und dem Torbogen im Hintergrund einigermaßen in Einklang zu bringen ist. Aber eine Schule stellen Sie sich anders vor. Der Künstler versammelt weit mehr Erwachsene als Kinder und verzichtet gänzlich auf Schulmöbel. Er setzt die meisten Personen des Vordergrunds auf eine breite Treppe. Das ist nicht nur sichtlich unbequem, sondern auch gefährlich, weil ein Reiter die Stufen zu Karl hinaufstürmt. Nun verrate ich Ihnen, dass Ingelheim bei Mainz liegt. Sofort denken Sie an die Mainzer Fastnacht. Die dekorativen Kostüme, von der Ritterrüstung bis zu blanker Haut, scheinen Sie zu bestätigen. Wollte die Historienmalerei den Kaiser zum Fastnachtsprinzen degradieren? Nein! Wie so oft setzt sie sich völlig ernsthaft mit anderen Meistern auseinander.

Wenn Sie mal die Wartburg in Thüringen besichtigt haben, dann erinnern Sie sich an **Moritz von Schwind**s riesiges Wandgemälde vom Sängerkrieg. Es entstand nur wenige Jahre vor unserer „Hofschule“ und lässt ebenfalls eine lebhafte Schar mittelalterlicher Gestalten mit zentral platziertem Herrscherpaar vor einer Säulenarchitektur auftreten.

Nachweislich anregend für die Komposition der „Hofschule“: Moritz von Schwinds „Der Sängerkrieg auf der Wartburg“.

– Da gibt es eine Wortmeldung. Ja, bitte, Sie waren also schon auf der Wartburg und finden, dass die Ölfarbe auf Leinwand hier Licht und Schatten virtuoser einfängt als die direkt auf die Burgmauer aufgetragene ... Ach so, eine Frage zum Stichwort „Herrscherpaar“. Sie wollen wissen, wer die Dame in Blau an Karls Seite ist. Ich werde die Frage so beantworten, wie Sie das von manchen Interviews kennen: Viele Worte, keine klare Antwort. Also, ich hatte nacheinander zehn Gemahlinnen. Mit der ersten und den letzten fünf war ich nicht verheiratet. Insgesamt hatte ich elf Kinder. Meine Töchter, sofern sie nicht jung gestorben oder im Kloster untergebracht waren, lebten in Partnerschaften ohne Trauung. Hinter diesen Patchworkverhältnissen steht meine Bündnis- und Erbteilungspolitik. Doch auf Patchwork mag sich der Historienmaler nicht einlassen. Passend zum bürgerlichen Familienbild im 19. Jahrhundert reduziert er meine Großfamilie auf einen engen Halbkreis um Karl herum, bestehend aus zwei jungen Paaren, zwei kleinen Mädchen und eben der Dame, die Sie als Karls Ehefrau, seine Partnerin, eine Prinzessin oder wegen des Kleids im Stil der 1860er als Modell des Künstlers deuten dürfen. Meine Söhne ...

Kaiser Karl der Große als Familienmensch und Liebhaber der Hausmusik (Bildausschnitt).

Nein, Schluss mit Familiengeschichte, zurück zur Kunstgeschichte. Und zwar weit zurück ins frühe 16. Jahrhundert. Schon damals belebte Raffael, der bis ins 19. Jahrhundert als der beste Maler aller Zeiten galt, eine großflächige Wand des römischen Vatikans mit einem Gruppenbild einschließlich Säulenarchitektur. Ins Zentrum stellte er statt eines Herrscherpaars die Athener Philosophen Platon und Aristoteles. Platon gab er das Gesicht des

Multitalents Leonardo da Vinci. Umgeben sind sie hauptsächlich von bekannten antiken Geistesgrößen aus verschiedenen Jahrhunderten. Die meisten sind Philosophen. Diese Versammlung, die nur in der Phantasie des Malers stattfinden konnte, wurde unter dem Titel „Die Schule von Athen" weltberühmt. Also egal, ob die Schule von Athen oder von Ingelheim, die Historienmalerei zeigt uns nicht die Schule, die Sie aus eigenen Erfahrungen und aus dem Film „Feuerzangenbowle" kennen, sondern das Bildungsideal der jeweiligen Zeit. Dazu nachher mehr.

Direkt oder indirekt anregend für die Komposition der „Hofschule": Raffaels „Die Schule von Athen".

Übrigens: In Frankreich nennt man mich den „Erfinder der Schule". Trotz aller Bescheidenheit muss ich sagen: Das ist nicht falsch. Aus ganz Europa holte ich mir kluge Köpfe für meine Hofakademie. Zusätzlich richtete ich am Hof eine Grundschule ein. Weil Könige damals ohne Hauptstadt regierten, sondern mit etwa tausend Leuten herumzogen, brachte ich mit meiner wandernden Gesamtschule XXL in vielen Gegenden nennenswerte Bildungslawinen ins Rollen. Ich war in meiner Akademie der Direktor, gleichzeitig in meiner Grundschule ein Schüler. – Oh, jetzt habe ich eine Misstrauenslawine losgetreten! Sie meinen also: Akademiedirektor und Grundschüler geht nicht zusammen, und überhaupt – Sie haben in Ihrer Schule gelernt, dass ich Analphabet gewesen wäre. Welch eine Schande!

Zunächst mal Folgendes: Das Lesen wird oft überbewertet. Dafür ist dieses Bild ein schlagkräftiges Beispiel. Es gibt dazu nämlich einen schriftlichen Entwurf. Darin lesen Sie, dass Karl eine Harfe hält. Auf seinen Knien soll das Nibelungenlied als Schriftrolle liegen. Sie lesen irgendwo noch mal nach, dass das Mittelalter unter einem „Lied" eine Frühform des Romans verstand. Der Adel ließ sich solche Erzählungen in Strophen mangels Lesefähigkeit vorsingen. Sie lesen weiter, dass das Nibelungenlied eine deutsche Version der skandinavischen Siegfried-Sage war. Sie lesen, dass das Werk im 19. Jahrhundert in Deutschland neben Goethes „Faust" als Nummer eins der deutschen Dichtung galt. Dies alles haben auch mehrere Autoren gelesen, die etwas über Bredeneek und unser Bild hier geschrieben oder abgeschrieben haben. – Da regt sich Protest: So ist es, das Nibelungenlied wurde erst bummelig 400 Jahre nach meiner Regierungszeit geschrieben und gesungen. Dieser Fakt muss die belesenen Schreiber nicht stutzig machen. Die wissen, was Sie wissen: Die Historienmalerei schildert Wünsche statt Wirklichkeit. Da ist es Historienmalern durchaus zuzutrauen, vier Jahrhunderte mal eben zu überspringen und einem römischen Wunschkaiser einen deutschen Helden in den Schoß zu legen. Doch Sie sollen sich jetzt nichts wünschen, sollen nicht lesen und niemandem trauen außer Ihren eigenen Augen. Was sehen Sie? – Die kaiserlichen Knie werden von den vorhin erwähnten feinen Stoffen bedeckt. Schriftrolle? Nibelungenlied? – Fehlanzeige! Ja, die Harfe, die sehen wir. Will der Wunschkaiser uns die 2377 Strophen des Nibelungen-Krimis um ein Mordopfer, das eigentlich unverwundbar sein sollte, auswendig zu Gehör bringen?

Dafür fehlt uns die Zeit. Zurück zu den Fakten. Anders als die meisten meiner Standesgenossen war ich ein Leser, sogar ein ziemlich eifriger. Doch das Schreiben kriegte ich zum Verrecken nicht auf die Reihe. Sie halten mich für eine faule Socke. Aber zu meiner Ehrenrettung hat unser Maler ja nicht nur meine Hofakademie um mich geschart, sondern auch die Grundschule.

Im Moment ist die Schülerzahl ideal: Drei süße kleine Kinder. Die verschwinden fast hinter ihrem erwachsenen Mitschüler, einem Germanen im vordersten Vordergrund. Dieses Muskelpaket beugt sich verbissen über seine Schreibtafel. Jetzt können Sie nachfühlen, wie mühsam es war, mit der am Reitzügel und Schwert trainierten Pranke den Griffel zu fassen und auf Wachs oder Stein herumzukratzen. Das Blatt Papier, das der Historienmaler dem Mann spendiert, gab es damals nur in China. Pergament, auf dem Mönche ihre oft kunstvollen Buchstaben malten, wäre für Anfängerübungen viel zu teuer gewesen. Mit Collegeblock, Touchscreen usw. haben Sie es heute erheblich leichter. Bei so englisch angehauchten Wörtern geht mir noch eine mittelalterliche Lernbarriere durch den Kopf: Als Verkehrs- und Schriftsprache im Frankenreich diente Latein.

Wer die Sprache der alten Römer nicht wenigstens ein bisschen beherrschte, war sowieso Analphabet. Ich selbst war nicht nur ein guter Lateinschüler, sondern auch ein Vorkämpfer für korrektes

Mit einer Prise Humor: Statt zu schreiben, porträtieren ein Mädchen und ein Junge ihren erwachsenen Mitschüler (Bildausschnitt).

Latein. Wo immer ich grammatische Schlampereien entdeckte, witterte ich Gefahr für die Kommunikations-Adern meines Reichs und mahnte ...

Da möchte jemand etwas sagen. Sind Sie auch Grammatik-Fan? – Ach ja. Sie erinnern mich an mein Versprechen, dass wir das Gemälde von der Ingelheimer Hofschule als Bildungsideal des 19. Jahrhunderts entschlüsseln. Dabei ist es hilfreich, wenn ich Sie, meine Damen und Herren, an Raffael erinnere, den Maler des frühen 16. Jahrhunderts. Was wäre das Hauptfach in seiner idealen Athener Eliteschule? – Genau: Tagein, tagaus würde philosophiert. Am Samstag gäbe es einen Crashkurs: Mathematik, Astronomie, Geographie, Geschichte und Politik. Am Sonntag Theologie und zur Abwechslung etwas militärische Strategie. Nun zum Gegen-Entwurf unseres Malers aus dem 19. Jahrhundert. – Klar: Die Vordergrund-Gruppe um den buchstabierenden Muskelmann zeigt, dass elementare Kulturtechniken wie Lesen und Schreiben wortwörtlich im Vordergrund stehen. Achten Sie mal auf die Frisuren. Ich meine nicht den Fratz mit Engelslocken, auch nicht den Krieger mit kurzem Pferdeschwanz, sondern die Mädchenfrisur, die eindeutig zu einem Mädchengesicht gehört.

Das 19. Jahrhundert lässt hier einen Hauch von Gleichberechtigung der Geschlechter wehen. – Wie bitte? – Gut erkannt: In der Darstellung der Karl-Familie weht dieser Hauch sogar kräftiger. Denn er lässt Schriftrollen flattern. Vielleicht sogar vom Nibelungenlied. Aber mit Sicherheit in den Händen der jungen Frauen. Unsicher ist die Frisurenkunde, wenn sie in Raffaels „Schule von Athen“ die Frauenquote ermittelt. Viel mehr als 2 % sind da nicht zu holen.

Nun zum künstlerisch-wissenschaftlichen Teil der gemalten Bildungskonzepte. Ein singender Kaiser ist verglichen mit Raffaels Platon, alias Leonardo da Vinci, eher dürftig. Aber wenn wir uns weiter umgucken, holt unser Maler mächtig auf. Sein Leonardo heißt Einhard. Einhard war ein Multitalent wie Leonardo. Als zweiter Mann nach Karl in der Hofakademie kannte er sich in allen Wissenschaften und Kunstgattungen des frühen Mittelalters aus. Als Baumeister bewies er sein technisches Talent, als Gesandter beim Papst sein diplomatisches Geschick. Ihm verdankt die Geschichtswissenschaft meine einzige zeitgenössische Biographie. Heute ist es mir peinlich, wie himmelhoch er mich lobt und dass er viele meiner Schnitzer verschweigt. Da hätte er es sich verkneifen können, meine Schreibschwäche der Nachwelt zu überliefern. Obwohl er kein Mönch war, durfte er nebenbei neun Klöster managen. Wegen seiner außerordentlichen Bedeutung oder wegen der ausufernden Legendenbildung um uns beide setzt der Historienmaler ihn zweimal ins Bild. Unter den nur schummerig ausgeleuchteten Hofakademikern fällt Einhard am meisten auf, weil er ein Modell der Aachener Pfalzkapelle präsentiert. Im Familienhalbkreis finden wir ihn noch mal in trauter Zweisamkeit mit Karls Tochter Emma. Das ist zu schön, um wahr zu sein. Wahr ist es nicht, wäre aber wohl schön gewesen.

Gedankenaustausch über mediterrane und nordische Bildhauerkunst (Bildausschnitt).

Um die Bildungsvision weiter zu verfolgen, horchen Sie bitte. Doch, Sie haben richtig gehört. Sie sollen horchen! Ein meisterhafter Historienmaler bringt mit seinem Pinsel nicht nur Farben und Formen, sondern auch gesprochene Worte hervor. – Na also, jetzt haben Sie im Vordergrund neben den Grundschülern zwei höchst unterschiedliche Herren entdeckt. Der eine könnte wegen seiner mediterranen Gesichtszüge und wegen seines hell angestrahlten weißen Gewands per Zeitmaschine aus Raffaels „Die Schule von Athen“ angereist sein. Ihm wird das Wort erteilt, indem er mit einem schulmeisterlich gestreckten Finger ausgestattet wird. Hören Sie ihn? Natürlich können Sie ihn hören: Er lobt die ästhetischen Vorzüge des steinernen Jünglingskopfs, auf den er so überdeutlich zeigt. Bestimmt gefällt ihm, wie die hohe Stirn in einem optimal proportionierten Verhältnis zum energischen Kinn steht. Im 19. Jahrhundert sah man in so einem Profil den Gedanken zum Ausdruck gebracht, der der Tat vorangeht. Der andere Herr präsentiert eine Steinmetzarbeit, die grobschlächtiger angelegt ist. Nicht wahr: „Punkt, Punkt, Komma, Strich – fertig ist das Mondgesicht." Viel mehr hat diese Visage eines Kriegers mit Schild und Schwert nicht zu bieten. Zum Ausgleich ist seine Tat bereits erfolgreich vollbracht. Mit gepanzerten Füßen steht dieser Held kerzengerade auf dem sich krümmenden Drachen. Der Steinmetz hebt sich durch dunkles Arbeitszeug vom hell und sauber gekleideten Zeigefinger-Athener ab. In Raffaels Athener Schule wäre er völlig fehl am Platze. Wegen seiner Kapuze und seines blonden Barts könnten wir ihn eher der nordischen Sagenwelt zuordnen, die ihm seine Motive liefert. Ich gebe zu: Sein Bart ist kaum zu erkennen, denn seine Mundpartie verschwindet hinter seiner kräftigen Faust, die einen Hammer hält. Wem der Maler den Mund mit Bart, Faust und Hammer zustopft, der soll nicht zu hören sein. Sie können diesem schweigsamen Bildhauer trotzdem etwas entlocken? Richtig: Wir lesen seine Gedanken, denn seine Mimik verrät, dass er zu dem steinernen Jüngling, möglicherweise zur altgriechischen Kunst allgemein, einen wohlwollenden Blickkontakt herstellt. „Sollte ich mal versuchen, aus einem Steinklotz so eine edle Nase herauszuklopfen? Könnten der Südländer und ich unsere Kulturen als gleichrangige Wurzeln verstehen oder zu etwas ganz Neuem verbinden?" Solche Überlegungen scheinen in seinem Kopf zu reifen. Nicht wahr: Auch für uns ein lohnendes Gedankenspiel. Wir spielen es gleich noch mal anders.

Halbmond und Kreuz: Kaiser Karls Hofschule als multikultureller Treffpunkt (Bildausschnitt, im Vordergrund leichter Abrieb der Farbschicht).

Doch nun zu der Frage, wieso Pferde in die Hoch- und Grundschule bis zum Kaiser vordringen und die Hälfte des vorhandenen Raums einnehmen dürfen. Sie, meine Damen und Herren, schauen sich das Getümmel an und es wird immer rätselhafter: Ein christlicher und ein muslimischer Krieger, beim genauen Hinsehen erkennbar an Kreuz und Halbmond, führen gemeinsam einen lebhaft bunten Umzug an. Orientalische Früchte, Gewänder und Schätze sowie eine junge Sklavin erinnern Sie an die Märchensammlung „Tausend und eine Nacht“. Der Reiter mit Halbmondstandarte und sein Ross gebärden sich beängstigend wild. Karl und Familie scheinen den Tumult huldvoll zu dulden. Das Rätsel lässt sich lösen, wenn ich mal kurz auf meine Islampolitik zurückblicke.

Der **Kalif Harun al Raschid** regierte nicht nur in „Tausend und eine Nacht“, sondern in Wirklichkeit, und zwar von der Sahara über Ägypten und Arabien bis zum Kaspischen Meer. Ich unterhielt mit ihm Handels- und diplomatische Beziehungen. Durch zwei wechselseitige Gesandtschaftsreisen beschenkten wir uns reichlich. Denn wir hatten gemeinsame Feinde, Kaiserin Irene in Konstantinopel, dem heutigen Istanbul, und den Emir vom spanischen Cordoba. An der fränkischen Grenze zum weitgehend islamischen Spanien ging es teils diplomatisch, teils blutig zu – für uns Franken nie so erfolgreich, wie Einhard später behauptete. In einem Pyrenäengefecht starb Roland, mein Befehlshaber für die Bretagne. Obwohl es ein Kampf zwischen christlichen Franken und christlichen Basken war, erzählten französische und deutsche Sagen vom Kreuzritter Roland, der im heldenhaften Kampf gegen eine muslimische Übermacht gefallen wäre. Am Ende wurde daraus eine der vielen Karlssagen: Ich hätte Roland tot geborgen und mit einem grandiosen Sieg gerächt. Die Historienmalerei folgt erneut ihrem Wunschprinzip. Sie stellt Roland an die Spitze von Haruns Gesandtschaft mit den kostbaren Geschenken und lässt auf diese Weise den Toten als quicklebendigen Sieger mit reicher Beute vor seinen Kaiser treten.

Zeitgenössische Bildquellen zu Harun al Raschids Gesandtschaften fehlten. Also borgte sich die Historienmalerei des 19. Jahrhunderts von ihrer „Schwester“, der Orientmalerei, deren populärste Klischees (Bildausschnitt).

Bevor Ihr kritisches Lachen zur Orkanstärke anwächst, hören Sie bitte ein paar Worte zur Verteidigung dieses kreativen Umgangs mit den Fakten. Der Orient begeisterte Europa, seit es seine Kreuzzüge einstellte und die Bedrohung durch islamische Heilige Kriege abnahm. Schon Raffael beschäftigte in seiner „Schule von Athen" immerhin einen arabischen Philosophen. Im 19. Jahrhundert erlebte die Orientmalerei ihren Höhepunkt, wobei Klischeevorstellungen von verwegenen Reitern sowie betörenden Damen im Harem oder auf dem Sklavenmarkt die Nachfrage anheizten. Harun und Roland boten unserem Historienmaler die Chance, auf so einen Orientexpress aufzuspringen. Hätte er den Zug abfahren lassen sollen? – Diese Entschuldigung stellt Sie noch nicht ganz zufrieden? Das haben wir gleich.Wir wollten ja sowieso das Bildungsideal noch tiefgreifender erfassen. Darum wandert Ihr Auge ein letztes Mal über das gesamte Kunstwerk. Merken Sie was? Morgenland und Frankenreich, also das Abendland, vereinnahmen jeweils eine Hälfte. Doch sie bekämpfen sich nicht. Sie schotten sich nicht gegeneinander ab. In der Mitte finden sie in Karl eine vermittelnde Instanz. Ergänzend zum versöhnlichen Gedankenspiel über gegensätzliche Wege der Bildhauerei kann ein Ost-West-Dialog beginnen. Es wäre doch wirklich ideal, wenn Bildung das schafft ...

Bei Himmelsrichtungen denken Sie wohl nicht nur an Dialoge, sondern ebenso an Tourismus. Bitte sehr, hier im Kaulbachsaal geht das Reisen ratzfatz. Wir verlassen Ingelheim am Rhein und nach fünf Schritten zur Kaminwand sind wir bereits im westfälischen Sauerland angekommen. Sie stehen vor dem zweiten querformatigen Kolossalgemälde dieses Saals und wieder spreche ich zu Ihnen aus dem Zentrum der Komposition. Nur nicht mehr musizierend in friedlich familiärer Runde, sondern diesmal bin ich selbst der verwegene Reiter. Bildung, Wissenschaft und Kunst waren das Richtige für die Pfalzaufenthalte im Winter. Aber wenn Eis und Schnee hinweggeschmolzen waren und die Frühlingssonne ins Freie lockte, wurde es Zeit, einen Krieg anzuzetteln. – Ich weiß, das empört Sie jetzt. Bei Ihnen punkten die Politikerinnen und Politiker, wenn sie etwas für die Umwelt und für den Frieden tun, erfolgreiche Wirtschaftsdaten einfahren und ihren medialen Einfluss ständig erweitern. Doch im frühen Mittelalter taugte ein Mann nur dann zum König, wenn er nach jeder Winterpause in den Krieg zog, massenhaft Beute einfuhr und sein Reich ständig erweiterte.

August von Kreling: Die Erstürmung der Eresburg (Gesamtschau).

Mein Reiterbild soll **Die Erstürmung der Eresburg** zeigen und so lautet auch sein Titel. Diese Palisaden- und Wallanlage war ein Vorposten der Sachsen gegen das Frankenreich. Denken Sie bei „Sachsen“ bitte nicht an unsere heutigen Dresdener oder Leipzigerinnen, sondern an den germanischen Stammesverband, der einst ungefähr zwischen Holstein und Sauerland siedelte. Als ich bald nach Beginn meiner Amtszeit die Eresburg und dazu ein germanisches Heiligtum zertrümmern ließ, hatte ich das erreicht, was ich für meine Imagepflege brauchte: Über 30 Jahre lang Sachsenkriege. Am Ende waren die Sachsen meine Untertanen und mehr oder weniger fromme Christen. Wie geht damit der Historienmaler um? Er lässt Karl Krone und Rauschebart. Aber die vielen Meter Stoff verschwinden. Deren lichthelle Farbtöne zieren hier das galoppierende Ross. Der Historienmaler steckt den König in eine Rüstung, deren totes Grau mit Blau und Rot belebt wird. Außerdem – was gibt's? Ihnen ist was aufgefallen, nämlich, dass ich immer anonym vom Historienmaler spreche, aber den Namen Kaulbach umgehe, als ob da irgendwas nicht stimme. Stimmt! Da stimmt wirklich etwas nicht so ganz.

Karl triumphiert über das germanische Heiligtum Irminsul (Bildausschnitt).

Zweifellos stimmt, dass **Wilhelm von Kaulbach** der berühmteste deutsche Historienmaler war, als er 1860 vertraglich zusagte, die Karlsbilder für ein fürstliches Honorar anzufertigen. Dank seiner Beliebtheit bei Königen und anderen gut betuchten Kunstfreunden türmten sich die Aufträge zu einem Umfang, der nicht mehr zu bewältigen war.

Die schriftliche Planung des Karlsprojekts war weit gediehen. Insbesondere das Ingelheim-Konzept wartete nur noch auf seine Umsetzung in Öl. Und darauf hätte es bis heute gewartet, wenn niemand den überforderten Starkünstler aus Stau und Stress befreit hätte.

Wilhelm von Kaulbach, damals Deutschlands berühmtester Historienmaler, verpflichtete sich vertraglich, den Kaiser-Karl-Gemäldezyklus anzufertigen.

Als Retter sprang Schwiegersohn **August von Kreling** ein. Er war Maler, Bildhauer, Architekt und die Nürnberger Kunstgewerbeschule wurde unter seiner Leitung wegweisend für den deutschen Kunstgewerbeunterricht. Sein vielseitiges künstlerisches Schaffen reichte von Historienmalerei im Gebäude des heutigen Bayerischen Landtags bis zu einer monumentalen Brunnenfigur für Cincinnati in den USA. Er war nicht weniger beschäftigt und nicht weniger königlich geehrt als sein Schwiegerpapa. Trotzdem wirkte er als Kaulbachs rechte Hand im engsten Sinne. Sie verstehen, was ich meine!

August von Kreling malte den Kaiser-Karl-Zyklus, um Wilhelm von Kaulbach zu entlasten.

– Hat da eben jemand was von „Fälschung“ und „Betrug“ gemurmelt? Nehmen wir doch einfach das berühmteste Konterfei Kaiser Karls des Großen. Es zeigt mich prächtig, wie ich nie aussah, und hängt in Nürnberg. Viele von Ihnen kennen es als Farbfoto und wissen, wer es so goldglänzend auf Lindenholz festgehalten hat. – **Albrecht Dürer**? Bitte genauer! – Nein, Dürer hatte keinen Schwiegersohn, aber eine Werkstatt voller fleißiger Mitarbeiter. Bilder zu malen war im Mittelalter und noch lange darüber hinaus ein Handwerk, also Teamwork. Auch Kreling setzte nicht jeden Pinselstrich persönlich, sondern überließ manches seinen Schülern. Statt zu verlangen, dass Künstler immer eingefleischte Individualisten sein sollen, erfreuen wir uns doch lieber an einer gelungenen Gemeinschaftsleistung! – Ich merke, nicht alle mögen sich freuen. Kreling freute sich auch nicht. Er ließ nicht locker, bis Kaulbach lange vor Fertigstellung aller vereinbarten Bilder dem Auftraggeber gestand, wie die Rollen in diesem Spiel um Kunst und Kommerz tatsächlich verteilt waren.

Bernhard Donner gab 1860 den Gemäldezyklus zu Kaiser Karl dem Großen in Auftrag, damals für das Landhaus Donner in Neumühlen bei Altona.

Und nun lernen Sie endlich den mittleren Herrn Donner kennen: **Bernhard Donner**. Wie sein Vater **Conrad Hinrich I.** bzw. später sein Sohn **Conrad Hinrich III**. erwies auch er sich als pragmatisch denkender Kaufmann. Statt das talentierte Team zu feuern oder mit Gerichtsverfahren in den Ruin zu treiben, stellte er nüchtern fest, laut Vertrag zwischen Kaulbach und ihm seien die Werke von Kaulbach und dabei müsse es bleiben. Etwaige Privatabkommen zwischen Kaulbach und Kreling seien für ihn uninteressant. – Wer meckert denn da immer noch? Was? Nicht Kaulbach, sondern ich hätte mich völlig festgelogen: Bernhard Donner könne nie und nimmer der Auftraggeber der Kaulbachbilder hier im Saal gewesen sein, denn 1860 habe es diesen Saal noch gar nicht gegeben. Alle Achtung! Sie haben wirklich gut aufgepasst. Bredeneeks Kaulbachsaal gehört zur Erweiterung durch Conrad Hinrich III. um 1900, als Kaulbach, Kreling und Bernhard Donner längst nicht mehr lebten. Trotzdem bleibt es richtig: Bernhard Donner hat diese Bilder bestellt, und zwar für seine schlossähnliche Villa in Neumühlen bei Altona, oft als Donner-Schloss bezeichnet.

Seien Sie bitte nicht genervt: Ich nehme noch eine dritte Kapazität in das Kaulbach-Kreling-Team auf, nämlich **Johann Heinrich Strack**. Bernhard Donner beauftragte diesen prominenten Architekten, zu dessen Kunden auch die preußische Königsfamilie gehörte, eine Art Elbe-Neuschwanstein zu entwerfen. Er bevollmächtigte Strack, den Malern ins Handwerk zu pfuschen. Auf Stracks „Orientierungshilfe" gehen die Holzteile, Säulen genannt, zurück, die die Eresburg und die zwei nächsten Gemälde verunstalten. Und wenn Sie mal wieder in Berlin die Siegessäule als echte Orientierungshilfe nutzen, dann denken Sie an Professor Strack. Auch diese Säule stammt von ihm. Vier Jahrzehnte lang zierten die sogenannten Kaulbachbilder das sogenannte Donner-Schloss an der Elbe, bis Conrad Hinrich III. sie nach Bredeneek holte. Nun stimmt alles wieder! – Bis auf ein Resträtsel: Sie können nämlich nachlesen, dass Kreling acht Kaulbachbilder schuf. Vier schmückten den Raum nebenan, wurden jedoch irgendwann veräußert. Wenn Sie irgendwo auf Karl den Großen in Krelings Stil stoßen, dann geben Sie mir sofort Bescheid.

Schleunigst zurück zum Kaulbachsaal und zum Historienmaler, den wir von nun an beim Namen nennen. Wie schon in Ingelheim sehen wir auch auf der Eresburg: Krelings Stil hat viel mit Lichtführung zu tun. Deshalb holt er seinen Karl an die Spitze des Kampfgeschehens, was ich als vernünftiger Stratege stets vermied. Doch er braucht den Frankenkönig nun mal als eine Art Lichtschalter. Kreling lässt Karls Ross ein Sonnenrelief zertrampeln, nämlich das vorhin erwähnte germanische Heiligtum. So wird den Sachsen gewissermaßen ihr heidnisches Licht ausgeknipst. Stattdessen leuchtet schon das christliche Licht. Karl trägt nämlich in der linken Faust ein Abendmahlsgefäß, das die Szene um ihn herum milde bestrahlt. Wiederum erweist sich Kreling als kundiger Kenner der Kunstgeschichte. Denn ausgeliehen hat er sich dieses heilige Licht vermutlich vom themen-ähnlichen „Triumph der Kirche über den Götzendienst“. **Peter Paul Rubens** malte diese Siegesfeier um 1626, also mitten im Dreißigjährigen Krieg. Sie können sich das Original in Madrid anschauen.

Peter Paul Rubens: Triumph der Kirche über den Götzendienst, Anregung für Karls Triumph über die Irminsul.

Aber jetzt sind wir ja nicht in Spanien, sondern im Sauerland und folgen der sanften Beleuchtung in die linke Bildhälfte. Dort vollziehen drei fränkische Geistliche an einem tödlich verwundeten Feind versöhnlich die christlichen Sterbe-Rituale.

Der Lichtkegel fällt nicht nur auf diese fast freundlich zu nennende Gruppe, sondern gerade noch auf eine kaum bekleidete Frauenleiche, die kopfüber von der Eresburg herabhängt. Entsetzt

Christliches Ritual für den sterbenden Feind (Bildausschnitt).

fragen Sie, was da passiert ist. – Schrecken Krelings christliche Frankenkrieger vor gar nichts zurück? Keine vorschnellen Vermutungen! Ihre Pupillen gewöhnen sich an die Finsternis über der Burgmauer.

Sichtbar wird direkt über dem Opfer ein gewaltiger schwarzer Pferdekopf. Ganz anders als Karls christlich-sanft dreinschauendes weißes Ross. Nein, christlich-sanft geht es in diesem Winkel der Eresburg wirklich nicht zu. Inzwischen erkennen Sie hinter dem Pferd ein nur spärlich gekleidetes Liebespaar. Sie streichelt zwar zärtlich sein Haar. Seine Faust aber umfasst – gar nicht zärtlich – den Schaft einer Axt. Wir sind offensichtlich Zeugen eines Mords. Dann wollen wir nicht nur Zeugen sein, sondern Kommissar spielen. Da meldet sich eine Kommissarin. – Woher wissen Sie, dass die Franken nicht als Täter in Frage kommen? Richtig: Der Pferdekopf ist ein sächsisches Symbol. Das bestätigen uns der Pferdegiebel des Niedersächsischen Bauernhauses und ebenso das niedersächsische Landeswappen. Die auf frischer Tat ertappten Liebenden sind also sächsischer Herkunft. Ihre innige Zweisamkeit ist unübersehbar, das Tatmotiv also leicht einzukreisen. Die Sache dürfte so gut wie abgeschlossen ...

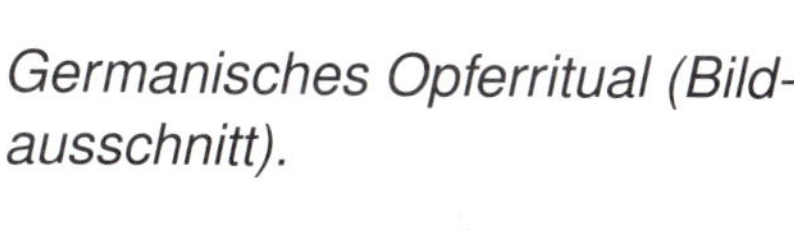

Germanisches Opferritual (Bildausschnitt).

Da melden sich diejenigen, denen klar ist, dass ein Krimi oft richtig losgeht, wenn der Fall abgeschlossen scheint. – Genau: Es kommt auch ein weniger persönliches Motiv in Frage. Die vorchristlichen Germanen opferten Lebewesen aus religiösen Beweggründen. Kreling war das bekannt, aber noch nicht, was die Wissenschaft inzwischen ermittelt hat. Nämlich, dass weit mehr Pferde als Menschen geopfert wurden. Deshalb lässt er seine Sachsen nicht d a s Pferd, sondern einen Menschen d e m Pferd opfern. Kreling war sehr wohl bekannt, dass das fließende Blut gar nicht die Hauptsache eines germanischen Kultfestes sein musste. Als Höhepunkt wurde z.B. die Vereinigung des Frühlingsgeistes mit Mutter Erde aufgeführt. Getötet wurde in spätgermanischer Zeit vielfach nur symbolisch. Theater statt Tatort? Was sagen Sie nun, Frau Kommissarin? – Ach ja, das fällt mir erst jetzt auf: An der vermeintlichen Tatwaffe und an der vermeintlichen Leiche findet sich nicht der winzigste Blutstropfen. Obgleich Kreling, wie wir bald sehen werden, die Farbe Rot nicht ungern verwendet.

Wenn wir unseren Blick zur rechten Bildhälfte wandern lassen, wird klar, dass Kreling nicht beabsichtigt, das fränkische Heer zur friedlichen Demo reiner Gutmenschen zu verklären. Wir sparen uns die Mühe, das Gefecht im wiederum dunklen Hintergrund zu untersuchen. Denn Karl leuchtet mit seiner mystischen Lichtquelle den anscheinend bevorstehenden Sieg umso deutlicher aus. Dem blanken Schwert in seiner rechten Faust hat die kleine Sachsenschar vor ihm, die sich kaum noch auf den Beinen hält, nichts mehr entgegenzusetzen.

Besiegte auf der Flucht (Bildausschnitt).

Nur der Sachse ganz im Vordergrund wirkt mit seinem germanischen Hörnerhelm noch recht wacker. Übrigens gilt es als wissenschaftlich gesichert, dass so ein Helm eher bei festlichen Riten gebraucht wurde. Im Kampf hätte der Kopfputz mehr gestört als genützt. Dieser gehörnte Krieger will im Moment sowieso nicht kämpfen. Mit der gesenkten Streitaxt treibt er seine Gattin, die Großmutter, drei Kleinkinder und einen Säugling zur Flucht an. Gekleidet ist die verängstigt dreinschauende Familie vorwiegend in unschuldiges Weiß. Der Vater hingegen trägt zur Rüstung einen Umhang im herrschaftlichen Rot. Sein mutiger Blick zurück fordert Revanche. Wenn wir uns ebenso viel Mut zutrauen, dann erklären wir ihn zum **Sachsenherzog Widukind**. Wie z.B. mein Biograph Einhard belegte, war er wirklich einer der wichtigsten Sachsenführer. Er leistete mir beharrlich Widerstand, bis er endlich, endlich nach den drei Jahrzehnten Krieg mit seiner Taufe einen Friedensvertrag besiegelte.

Von Widukinds Ehefrau berichtet mein Einhard null-komma-null-null-nichts. Geschichte war für ihn meist männlich. Da ist Kreling schon ein ganzes Stück fortschrittlicher. Er gönnt der unbekannten Sächsin nicht nur eine Position im Vordergrund, sondern überträgt auf sie die Gesichtszüge der Ehefrau Bernhard Donners. Darf ich vorstellen: **Etatsrätin Helene Donner**. Sie wissen ja: Im 19. Jahrhundert war eine Apothekerin die Frau des Apothekers und eine Frau Professor die Frau des Professors. Also trug Frau Donner automatisch den Titel, den der dänische König Herrn Donner verliehen hatte. Spätestens als junge Witwe hätte sie es nicht nötig gehabt, sich mit einer gewissermaßen fremden Feder zu schmücken. Sie gehörte zu den tatkräftigen Gründerinnen eines Vaterländischen Frauenvereins. Wenn Sie jetzt an den Kampf um Wahlrecht und Bildung für Frauen denken, schauen

Die fliehende Sächsin sieht Helene Donner ähnlich – Zufall? Helene Donners beflügelndes Engagement für den Gemäldezyklus darf nicht unterschätzt werden. Die Tochter des Malers Kaulbach erzählt von „hinreißender Liebenswürdigkeit“.

Sie sich lieber noch einmal Helene als „Frau Sachsen-Herzog“ an. Kreling zeigt sie uns als hingebungsvoll fürsorgliche Mama. Und als die sieben Kinder des Ehepaars Donner nicht mehr betüdelt werden mussten, kümmerte sie sich mit umfassendem Weitblick und besonders mit unglaublich viel Geld aus eigener Tasche um notleidende Kranke. Z.B. stiftete sie das bis heute bestehende Helenenstift, in dem damals Krankenschwestern ausgebildet wurden. Ihr fürsorgliches Engagement wurde mit drei Orden geehrt. Nicht nur eine, sondern sogar zwei Straßen in Hamburg-Altona wurden nach ihr benannt.

Und sie tragen den Namen „Helene“ heute noch. Das ist gar nicht selbstverständlich. Es wurde z.B. untragbar, dass zahlreiche norddeutsche Straßen den Namen des Schriftstellers **Gustav Frenssen** trugen. Wenn unter Ihnen Preetzer sind, wissen die vielleicht, dass die Frenssenstraße in der Preetzer Finnenhaussiedlung nach der in Preetz geborenen Schriftstellerin Jassy Torrund umbenannt wurde. Frenssens Sympathie für die Nazis konnte üble braune Blüten treiben. Ich erzähle dies nicht, weil ich Helene Donner aus den Augen verloren hätte. Im Gegenteil. In seinem Roman „Otto Babendiek" erwähnt er das Neumühlener Donner-Schloss und die für ihre Menschenfreundlichkeit bekannte Schlossherrin Helene Donner. In dichterischer Freiheit erhebt er die Etatsrätin in den Grafenstand, aber nicht zur braunen Blüte – die Babendiekstraße in Hamburg-Sülldorf heißt weiterhin Babendiekstraße. Sie verstehen, was ich damit speziell über diesen Roman sagen will. Zu Helene Donner muss ich abschließend sagen, dass Sie zuckersüß freundliche Worte fand, um in der Kaulbach-Kreling-Frage die Position ihres verstorbenen Mannes knallhart zu vertreten.

Jetzt wollen wir aber weder in Sülldorf oder Neumühlen noch im Sauerland versauern. Wir schreiten mal durch den ganzen Kaulbachsaal und besuchen eins der beiden hochformatigen Bilder. Es ist nur etwa halb so groß wie die „Erstürmung der Eresburg", dafür doppelt so laut. Das Kampfgetümmel an der Eresburg haben wir mit unseren Augen geahnt. Aber wie der Kaiser – wieder die Zentralfigur – einen Stab zerbricht, das übertönt den fränkisch-sächsischen Waffenlärm und sogar jedes „KRRRACH !!" und „KNACKSSS !!" in den Comics. Diesen Effekt erreicht Kreling mit Mimik und Körperhaltungen. Aufrecht in herrschaftlich rotem Umhang zeigt Karl trotz schwacher Ausleuchtung die Körpergröße, der er seinen Beinamen verdankt. Obwohl auf Gesicht und Krone ein Lichtstrahl fällt, blickt er finster drein. Wir dürfen sagen: stinksauer. Die überwiegend kirchlich gekleidete Gruppe im Vordergrund, über der er krachend den Richterstab zerbricht, zeigt ängstliches bis panisches Entsetzen. Völlig am Boden im wörtlichen Sinne liegt im vordersten Vordergrund ein Mönch.

August von Kreling schwankte zwischen zwei Titeln: Der Richterspruch des deutschen Kaisers oder Kaiser Karl hält in der Peterskirche [in Rom] Gericht über die Kirchenfürsten (Gesamtschau).

Auch wenn hier ganz dicke Luft herrscht, trauen Sie sich trotzdem, Fragen zu stellen. – Oh, Entschuldigung! Sie wollen natürlich wissen, wohin wir weitergereist sind. Benvenuto a Roma! – Und da hat jemand genau hingesehen und bemerkt, dass Karl eigentlich keinen Richterstab verschrottet, sondern einen Stab mit einer verzierten Krümmung an einem Ende, also einen Bischofsstab.

Wie konnte Karl sich zu so einer Freveltat hinreißen lassen? Da muss ich wieder etwas weiter ausholen. Wir sind zunächst mal in Rom im Jahre 799. Einige Adlige warfen **Papst Leo III.** Verfehlungen vor. Die Medien beschäftigten sich weniger mit den Anschuldigungen, sondern mehr mit einer tätlichen Aktion gegen Leo III. Seine Gegner sollen ihm nämlich die Augen ausgestochen und die Zunge herausgeschnitten haben. Das war eine im Mittelalter verbreitete Art der Amtsenthebung. Als der Papst sich hilfesuchend an mich wandte, wirkte er etwas müde wegen des langen Fluchtwegs von Rom bis Paderborn, aber ansonsten kerngesund. Manche Medien sprachen von einem Wunder, das ihn geheilt habe. Ich schickte ihn mit bewaffneter Begleitung nach Rom zurück, wo niemand mehr wagte, ihm ein körperliches Leid anzutun.

Kreling ergreift Partei für seinen großen Karl: Wer diesen römischen Richterstab zerbricht, hat den Durchbruch zum Kaisertitel geschafft (Bildausschnitt).

Doch auch im Mittelalter ließen sich rechtliche Streitfragen nicht so einfach wegpusten. Ich musste persönlich nach Rom, um eine juristische Klärung etwaiger päpstlicher Missetaten herbeizuführen. Zunächst hatte ich dafür keine Zeit. Sie erinnern sich an den Sachsenkrieg. Der war noch längst nicht entschieden. Im Moment machte die Abwehr der Wikinger mehr Mühe. Außerdem starb plötzlich meine vierte Ehefrau und mich beschäftigte die Frage, ob und wen ich heiraten wollte. Machen Sie mal einen Vorschlag. – Doch, das können Sie. Von der bestmöglichen Partie habe ich vorhin erzählt. – Da erinnert sich jemand: **Kaiserin Irene** in Konstantinopel. Mit so einer geopolitischen Traumhochzeit hätte ich mein Reich auf einen Schlag verdoppelt. Vom Charakter her wäre sie nicht erste Wahl gewesen, denn Kaiserin war sie geworden, indem sie ihren Sohn absetzen ließ. Wie wurde man abgesetzt? Daran erinnern sich alle: Diesmal reichte der Anschlag auf die Augen, an dessen Folgen der junge Kaiser starb. 802 wurde sie selbst abgesetzt. – Nein, sie behielt Augen und Zunge. Es genügte die Verbannung in ein Kloster.

Krelings Karl lässt sich durch Unterwürfigkeit nicht erweichen (Bildausschnitt).

Wegen der damals geltenden männlichen Auffassung von Politik und von Geschlechterrollen musste sie gar nicht abgesetzt werden, denn ein Thron, auf dem „nur“ eine Frau saß, galt sowieso als unbesetzt. Und dieses scheinbare Amtsvakuum ließ in zahllosen Gesprächen mit meinen Beratern und dem Papst eine umwälzende Vision reifen. Aus meinem aufwändigen Rombesuch mit eher nichtigem Anlass könnte ein weltgeschichtliches Ereignis werden: Seit über 300 Jahren hatte es in Rom keinen

Kaiser mehr gegeben. Die Kaiser in Konstantinopel hatten die von Cäsar und Augustus begründete Kaiserwürde für sich monopolisiert. Wegen des aus Chauvi-Perspektive leeren Throns am Bosporus bot sich jetzt die einmalige Gelegenheit, das römische Kaisertum wiederzubeleben. So sollte der Papst aus der Bevormundung durch die Ost-Kaiser befreit werden und ich neuen Schwung für Bildung, Wissenschaft, Kunst und Kriege bekommen. Also eine Win-win-Situation für uns beide. Und so zogen wir den Plan durch.

Ein von mir eingesetzter fränkisch-römischer Ausschuss debattierte drei Wochen lang und wusch den Papst von allen Vorwürfen rein. Und beim Weihnachtsgottesdienst am 25. Dezember 801 krönte Leo mich. Die Kirchengemeinde rief mich mit einem Sieges- oder Friedenswunsch – so genau weiß ich das nicht mehr – zum Kaiser aus. – Ich bemerke bei Ihnen eine einhellige Protesthaltung: Sie meinen, ich wüsste sogar die Jahreszahl nicht mehr! Ich weiß, Sie alle haben in der Schule gelernt, dass ich im Jahr 800 Kaiser wurde. Aber gerade das, was alle zu wissen glauben, sollte immer mal wieder auf den Prüfstand. Und der hat ergeben, dass nach damaligem fränkischen Kalender der 25. Dezember als Neujahrstag galt. Mit der neuen Kaiserwürde begann ein neues Jahrhundert. Da darf man doch von perfekt geplanter Symbolpolitik sprechen! – Ja gut, Eigenlob stinkt. Ich soll auf die dicke Luft unter dem kaputten Stab zurückkommen. Als frischgebackener Kaiser verurteilte ich Leos Verfolger zum Tode bzw. zum Exil. Der Papst wäre noch zufriedener gewesen, wenn ich es ihm, dem Bischof von Rom, überlassen hätte, die Urteile zu fällen. Und wenn ich Ihnen nun verrate, dass ein Bischofsstab nicht für das Bischofsamt insgesamt stand, sondern speziell für die bischöfliche Gerichtsbarkeit, dann wird klar, wie geschickt

Kreling eine doppelte Symbolik einsetzt: Karl als Richter und Karl als Politiker, der mit Strenge dem kirchlichen Oberhaupt eine entscheidende Funktion entreißt. Tatsächlich lief es anders. Kaum kehrte ich Rom den Rücken, trickste Leo meine Bevollmächtigten oft aus, um die Win-win-Situation zu seinen Gunsten zu verschieben.

Kreling klammert das diplomatische Gezerre aus und nennt dieses Gemälde im brieflichen Gedankenaustausch mit Schwiegervater Kaulbach „**Der Richterspruch des deutschen Kaisers**".

Er stellt also den fränkischen König und römischen Kaiser an den Anfang der Reihe deutscher Kaiser. Damit uns das auch ohne schriftliche Hilfe klar wird, platziert er hinter Karl und seinem Gefolge einigermaßen sichtbar eine Fahne mit dem deutschen Reichsadler. Genau genommen sind deutsche Kaiser und deutsche Adler römisch, denn ... Lassen wir das. Wir nehmen uns besser Krelings Brief an Kaulbach noch mal vor. Darin verrät Kreling, wie er persönlich seinen richtenden Kaiser versteht. Er schreibt von der Macht Karls des Großen über den Süden. Wenn wir mit „Süden" die Stadt Rom meinen, dann stellen wir uns die Spanische Treppe unter postkartenblauem Himmel vor. Heitere Touristen erfrischen sich am Gelato oder am himmelblauen Brunnenwasser. Stopp! Wir träumen nicht, sondern beobachten mit hellwachen Augen die dunkle Architektur, soweit die Fahnen und die schwache Beleuchtung sie unserem Blick freigeben. Zwei Rundbögen fallen auf und als Fortgeschrittene identifizieren Sie die ... – Richtig! Die korinthischen Säulen. Mehr Licht ist zwei Steinsärgen gegönnt, in denen die Vorgänger Leos III. ruhen. – Riechen Sie es nicht auch? Krelings Süden wirkt moderig. Auch kühl und düster wie ein Keller. Das entspricht überhaupt nicht unserer Sehnsucht nach südlicher Urlaubssonne.

Im Hintergrund erkennbar: Papst Hadrian, Karls unbequemer Verbündeter, ist bereits verstorben (Bildausschnitt).

Um zu zeigen, dass Karl den römischen Adel im Griff hat, lässt Kreling eine Schöne und Reiche in Ketten legen (Bildausschnitt).

– Ja, gerne: Wir wollen noch über die schöne Dame reden, die Kreling als Hingucker in die Gruppe der Verurteilten setzt, treffender: legt. Gar nicht kühl klammert sie sich an einen Kirchenmann. Die Lichtführung betont ihr Diadem und den hermelinweißen Pelzbesatz ihres weiten, türkisblauen Umhangs. So gleicht sie fast einem Porträt der österreichischen Kaiserin Sissi, das zu Krelings Zeit als Druck verbreitet war. Aber anders als bei der rotbäckigen Kult-Kaiserin regiert in ihrem blassen Gesicht die pure Angst. Der Stab ist auch über sie gebrochen. Egal, welchen hohen Rang sie bekleidet hatte, jetzt ist sie abgesetzt! Wer ganz genau hinschaut, hört wieder ein brutales Geräusch. – Ja, da klirren die Ketten, in die die Verurteilte gleich gelegt wird. Krelings energischer Pinsel entmachtet den ganzen muffigen Süden. – Was ist los? Krelings Abneigung gegen den Süden kommt Ihnen spanischer vor als die Spanische Treppe? Was für einen Süden meint er? Das klären wir nachher. Jetzt beachten Sie bitte, was unterhalb der hier abgebildeten Treppe weiter rechts geschieht. Faucht da nicht ein nordischer Drache das verängstigte südländische Häuflein an? Aus seiner Vordergrundposition heraus wirft er den Unterlegenen einen vernichtenden Blick zu. Triumphierend hebt er seine Flügel. Er könnte sogar Feuer speien. – Sie fürchten, er würde dann zu Asche verbrennen? Asche auf mein Haupt! Jetzt sehe ich es auch: Das Ungeheuer ist ein mittelalterliches Sitzmöbel. Wer diese wertvolle Arbeit aus dunklem Ebenholz oder eventuell schwarzem Marmor nicht als Fabelwesen deuten mag, kann darin Krelings düsteren Süden wiederfinden. Passend zu den Steinsärgen. – Warum machen einige ein Gesicht wie drei Tage Regen im Rom-Urlaub? Ich gebe zu: Um den relativ kleinen Drachen bzw. das Stühlchen veranstalte ich ein Riesen-Buhei und die große, helle Gestalt auf den Stufen erwähnte ich bisher mit keiner Silbe.

Nach Krelings Regie muss Papst Leo seinen Drachenstuhl verlassen. Unsicher sucht er Schutz bei Karl (Bildauschnitte).

Sie ahnen, dass es sich um Papst Leo III. handelt. Den darf ich auf keinen Fall auslassen. Denn wie Kreling ihn hier darstellt, das ist eine Besonderheit in der Kunstgeschichte. Der eigentliche Knüller liegt darin, wie er ihn nicht darstellt ... Sie merken, ich habe einen Kloß im Hals. Egal! Jetzt kann ich diese unangenehme Sache nicht länger hinauszögern. Sie erinnern sich an meinen multitalentierten Einhard. Wie gesagt, ich schätze seine Leistungen, ich verzeihe ihm, dass er meine Schreibschwäche der Nachwelt überlieferte. Aber dass er in derselben Biographie behauptet, die Kaiserkrone wäre eine Weihnachtsüberraschung des Papstes gewesen, die ich gar nicht hätte haben wollen, schädigt meinen guten Ruf als Visionär und Taktiker. Wie kommt der sonst so linientreue Schreiberling darauf? Einige heutige Wissenschaftler meinen, ihm sei etwas in die Feder gerutscht, was er über die alten römischen Kaiser gelesen habe. Auch egal.

Überhaupt nicht egal ist, dass er eine kunsthistorische Lawine lostrat. Historienmaler, die sich den Katholizismus als politische Macht wünschten, erfanden ein Karlchen, das die Krönung durch eine Art von liebem Nikolaus brav über sich ergehen lässt. In Frankreich, wo eigentlich die Trennung von Kirche und Staat bevorzugt wird, wurde die Kaiserkrönung des Charlemagne kaum anders dargestellt. Viele deutsche Historienmaler wie Kreling erträumten sich einen starken Kaiser, der die deutschen Teppichflicken zu einem Reich zusammenführen sollte. Die meisten unter ihnen glaubten immer noch Einhards Überraschungsversion und inszenierten einen Überrumpelungs-Trick, bei dem der Papst zum hinterhältigen Hütchen- bzw. Krönchenspieler abgewertet wurde. Ein getäuschter Karl, der gegen seinen Willen Kaiser wird, passte dann jedoch nicht so recht zum Ideal eines starken deutschen Kaisers. **Friedrich Kaulbach**, Cousin unseres

Wilhelm von Kaulbach, gelang in München die Krönungsszene, die alle konfessionellen und politischen Lager in Deutschland für lange Zeit zufriedenstellte. In Ihrem Geschichtsbuch oder sonstwo haben Sie mal einen der unzähligen Nachdrucke gesehen. Manchen gefällt es, dass der Kaiser vor einem hoheitlich huldvollen Papst kniet. Andere erkennen voller Genugtuung: Der Maler platziert den Kaiser in der Mitte des Bildes, drückt ihm ein langes Schwert als Machtsymbol in die Hand und gleicht die kniende Körperhaltung durch eine riesenhafte Körpergröße aus.

Friedrich Kaulbach, Wilhelm von Kaulbachs Cousin und Schüler, wählt für sein Werk „Die Kaiserkrönung Karls des Großen" einen Kompromiss: Karl empfängt die Kaiserkrone kniend – aber fast auf Augenhöhe zu Papst Leo und mit aufrechtem Schwert (Bildauschnitt).

Kreling will kein Einerseits-Andererseits. Kreling will den starken Kaiser und ganz konsequent den schwachen Papst. Deshalb verzichtet er auf den Krampf um die Krönung. Sein Karl soll unmissverständlich handeln und sein Leo soll ... Ja, das gucken wir uns mal genau an. Auf den ersten Blick sieht er durchaus respektabel aus. Kreling krönt ihn mit der dreifachen Krone, die die Päpste des 19. Jahrhunderts zu besonderen Anlässen trugen und der Vatikanstaat heute noch in seinem Wappen führt. Die Päpste unserer Gegenwart tragen sie nicht mehr und die Päpste des frühen Mittelalters noch nicht. Aber Kreling gönnt sie seinem Leo. Er gönnt ihm noch weit mehr. Wenn Sie die Malerei früherer Jahrhunderte mögen, dann wissen Sie, dass die Meister und Meisterinnen dieser Kunst ihr Können besonders gerne am Faltenwurf weiter Gewänder bewiesen. So auch Kreling. Das weiteste Gewand, den reizvollsten Faltenwurf hier im Saal spendiert er dem Papst. Dessen Umhang in pastellenen Gelbtönen kleidet nicht nur die Person, sondern auch einen beträchtlichen Teil der Stufen. Ob und wo genau Leo steht oder kniet, bleibt uns unter dem kostbaren Stoff verborgen. Doch das ist sicher: Der arme Kerl kann sich kaum auf den Beinen halten. Kränklich blass blickt er auf seine verurteilten Gegner. Obwohl sie ihm nichts mehr anhaben können, ist ihm in ihrer Nähe noch höchst unwohl. Unterlegen wie sie, einer Ohnmacht nahe, greift er mit beiden Händen nach dem kaiserlichen Richterstuhl. So kraftlos, so machtlos wünschte sich Kreling die Kreise, die damals ein katholisch geführtes Deutschland anstrebten. Jetzt wissen Sie, was für einen „Süden“ Kreling meint und ablehnt.

Sind Sie vom langen Stehen auch einer Ohnmacht nahe? Nein? Das nenne ich wacker! Dann spazieren wir zum letzten Bild. Es grüßt Sie mit einem erfrischend nördlichen „Hummel, Hummel! Moin, Moin!“. Ich vermeide die etwas unfeine Originalfassung des Slogans, damit... – Was? Ich soll lauter reden. Ja, das muss ich wirklich. Ich kehre Ihnen ja hier meinen Rücken zu. Das tue ich nicht, weil die Hamburger angeblich so sssteif und kontaktscheu

August von Kreling schwankte noch einmal zwischen zwei Titeln: Die Gründung der Stadt Hamburg oder Karl als Städteerbauer. Wegen des zunehmenden deutsch-dänischen Gegensatzes entschied er sich für eine dritte Version: Kaiser Karl beschützt die hilflosen Landleute gegen die räuberischen Normannen (Gesamtschau).

sind – dass wir in Hamburg sind, ist doch wohl rübergekommen. Ich blicke nicht Sie an, sondern zum Horizont und darüber hinaus, weil der Bildtitel an Visionen denken lässt. Er lautet nämlich – Sie wissen ja, mit Visionen ist es nicht so einfach. Deshalb war Kreling sich nicht sicher, ob er sein Werk „**Die Gründung der Stadt Hamburg**“ oder allgemeiner „**Karl als Städteerbauer**“ nennen sollte. Schließlich entschied er sich ganz anders. Dazu später mehr.

Mit beiden Arbeitstiteln fühle ich mich zu sehr geschmeichelt. Wo

ich bauen ließ, hatten andere vor mir gebaut und wieder andere bauten weiter, bis daraus etwas wurde, was später noch mal andere mit Fug und Recht als Stadt bezeichneten. Hilfe! Jetzt gerate ich ja in ein Understatement, das alles übertrifft, was man den Hamburgern an Bescheidenheit nachsagt. Damit schließe ich mich schon fast der Meinung an, ich hätte nie existiert. – Doch, doch. Diese These wird ernsthaft vertreten.
Lesen Sie mal den Wikipedia-Artikel „Erfundenes Mittelalter". Dann kann Ihnen doch noch schwindelig werden. Also, zurück auf festen Boden. Nehmen wir die Hammaburg, wo es mit Hamburgs Geschichte losging: Erdwälle auf festem Geestboden. Außerhalb der Anlage paar Hütten. Jahrhundertelang erzählten Hamburger ssstolz, ich hätte dieses Klein Hamburg gegründet. Die Archäologie des 21. Jahrhunderts ermittelte, dass die Sachsen vor den Franken dort gesiedelt hatten.

Das konnte Kreling nicht ahnen. Für ihn ist Karl der Gründer und Erbauer Hamburgs. Deshalb steht sein Karl vor einer Großbaustelle. Im Vordergrund rollt jemand einen Bauplan aus. Krelings Gestaltung der Körperhaltungen, des Lichts und der Farben zeigt zweifellos, dass Karl der Boss auf dem Bau ist. Während der Bauzeichner sich schwarz gekleidet an den verschatteten Rand verdrückt, steigt Karl – Ja, ich muss Ihnen zustimmen: Der Mann dicht hinter Karl denkt gar nicht dran, sich unterwürfig zu verdrücken. Kreling gewährt ihm

Karl galt lange Zeit als Erbauer Hamburgs (Bildausschnitt).

viel Licht und kleidet ihn sogar in die Signalfarbe Rot. Wer ist dieser aufdringliche Begleiter des Kaisers? Diese gute Frage bewahren wir uns gut auf und stellen zunächst mal fest, dass Karl sich nicht die Show stehlen lässt. Als Mann der Tat besteigt er eine steinerne Brüstung. Wie in Ingelheim als Lichtgestalt in hellen Gewändern.

Doch die Krone ist hier eher eine Arbeitskappe. Die Ärmel sind nicht mehr weit geschnitten, sondern umspannen kräftige Muskeln. Mit dem ausgestreckten linken Arm dirigiert Karl Handwerker, die in schwindelerregender Höhe einen zentnerschweren Steinblock bewegen. Sie bauen eine Brücke. Lang und wuchtig genug, um die Elbe zu überqueren, obgleich für die Hammaburg eine Alsterbrücke reichte. Bis zur Fertigstellung wird noch viel Alsterwasser in die Elbe fließen.

Historienmalerei als Zeitraffer: Hamburg existierte fast nur auf Bauzeichnungen. Da lässt Kreling bereits den Fernhandel blühen (Bildausschnitt).

Trotzdem haben im beleuchteten vordersten Vordergrund zwei Kaufleute schon mal mit dem Fernhandel begonnen. Die Kapuze des einen und der kostbare rote Mantel des anderen lassen einen kommerziellen Nord-Süd-Dialog vermuten. Ein Lastenträger schuftet und schwitzt im Schatten. Licht fällt auf Edelmetall und teure Stoffballen. Die übrigen Waren bleiben gut verpackt und verschnürt verborgen. – Oder doch nicht? – Toll! Ein Detektiv-

Im diffus gehaltenen Hintergrund eher Vision als Abbild: Hamburg errichtet seine erste Elbbrücke (Bildausschnitt).

Auge hat auf dem Sack unter den Stoffen eine Abkürzung gefunden: Ein B und ein fast verdecktes G. Sie deuten das als Braugerste. Das passt genau! Denn Hamburg importierte im Mittelalter Getreide und exportierte Bier. Halt! Immer wenn alles so schön zusammenpasst, müssen wir mit einem Irrtum rechnen. Es war unfair, Sie mit dem Alsterwasser-Kalauer auf die falsche Fährte zu locken.

Als Kaulbachs Vertreter verzichtete Kreling auf Signaturen. Die fast verdeckten Initialen „BD“ stehen für Bernhard Donner, den Auftraggeber (Bildausschnitt).

Also noch mal ganz genau hinschauen: Der zweite Buchstabe, der sich so bescheiden versteckt hat, ist eher ein D. Der Suchlauf beginnt noch mal: Gerste geht nicht mehr, BD für August von Kreling geht auch nicht – Bernhard Donner. Das geht! Anders als seine Ehefrau Helene begnügte sich der Hausherr mit dem kaum zu entziffernden Monogramm. Es gibt sie also: die hamburgische Bescheidenheit. – Sie zweifeln, ob Bernhard Donner Hamburger war. Danke! Wir wollen ja ganz genau bleiben. Sein Vater, Conrad Hinrich I., hatte sein Unternehmen in Altona gegründet. Sohn Bernhard behielt den Unternehmensstandort bei. Altona war damals kein Hamburger Bezirk, sondern die zweitgrößte Stadt im dänischen Gesamtstaat und bedeutender Freihafen. Allerdings nutzte Bernhard Donner die wachsenden wirtschaftlichen Verbindungen zu Hamburg. Ausgestattet mit der väterlichen Spürnase, entging ihm auch nicht, dass Dänemark im Gerangel der europäischen Staaten schwächelte, Preußen stärker wurde und so Chancen für die Gründung eines deutschen Kaiserreichs stiegen. Als Altona preußische Provinzstadt geworden war und das Kaiserreich tatsächlich gegründet wurde, zog Bernhards Sohn, **Conrad Hinrich III.**, die Konsequenzen und verlegte den Unternehmenssitz nach Hamburg. Bernhard hatte diese Wende behutsam vorbereitet. Sogar auf künstlerischem Gebiet. Sie erinnern sich, Conrad Hinrich I. hatte beim Dänen Thorvaldsen europäischen Klassizismus gekauft. Bernhard bestellte deutsche Kaiserträume bei Kaulbach. Damit habe ich den Bogen zu Kreling und seiner Hammaburg hergestellt.

Was ist denn? Finden Sie meinen Bogen zu gewaltsam?
Ach so. Sie finden mein Wort „Gerangel“ zu wenig gewaltsam. Das finde ich jetzt auch. Während Kreling die Karlsbilder malte, tobte ein Deutsch-Dänischer Krieg und dann der Deutsche Krieg. Eigentlich war der eine ein preußisch-österreichisch-dänischer Krieg und der andere ... Es ist gar nicht so leicht, Kriege in Worte zu fassen. Schon gar nicht für einen mittelalterlichen Kaiser, der Ihnen im 21. Jahrhundert ... Ich lasse mir mal von den vorhin genannten Dichtern Goethe und Kästner helfen. Meine Damen und Herren, Sie haben noch „Kennst du das Land, wo die Zitro-

nen blühn?“ im Ohr. Nachdem zu den genannten Kriegen der Deutsch-Französische und der Erste Weltkrieg hinzugekommen waren, fragte Kästner: „Kennst du das Land, wo die Kanonen blühn?“ Noch sicherer ist es, wenn wir nach der Kanonen-Saat fragen. Und jetzt greife ich meinen Bogen zu Kreling wieder auf. Seine beschauliche Hammaburg-Szene gedeiht zur Kanonen-Knospe. Eben in Rom haben Sie ihn als politischen und polarisierenden Maler kennengelernt. So ein Künstler mag sich nicht auf Brückenbau und Handel beschränken, wenn die deutsch-dänische Stimmung alles andere als hyggelig ist. Also tauft er sein Bild um. In die Tonne mit den Arbeitstiteln! Der neue Titel lautet: „**Kaiser Karl beschützt die hilflosen Landleute gegen die räuberischen Nordmannen**“.

Ihr merkt: Krelings Norden hat das Gute nicht gepachtet. – Was hast du gemerkt? Dass ich euch jetzt duze. – Nein, das ist mir nicht so rausgerutscht. Damit die miese deutsch-dänische oder dänisch-deutsche Stimmung aus den 1860ern nicht zu uns rüberspringt, sollten wir das freundliche dänische „du“ und „ihr“ mal einführen. Meinen Vornamen kennt ihr ja. – Auf euren Gesichtern fremdelt es ziemlich. – Ihr wollt wissen, woher ich als angeblicher Alt-Franke all das weiß, was ich über die Donners und das ganze Drumherum verbreitet habe. Das klingt wie ein Verhör: Wo haben Sie sich zwischen dem 9. und dem 21. Jahrhundert aufgehalten? Ich berufe mich ausweichend auf Einhard. Er bezeugt schriftlich, dass ich ein sehr wissensdurstiger Mensch bin. Am liebsten würde ich eine Umbenennung in Karl der Neugierige beantragen. „Umbenennung“ ist das richtige Stichwort: Wir kehren im dritten Anlauf zurück zum umbenannten Gemälde, also zu den „räuberischen Nordmannen“. Wo sind sie denn überhaupt? – Längst habt ihr sie im dunstig-dunklen Hintergrund entdeckt: Auf drei Schiffen mit Rechteck-Segeln nähern sie sich der Hamburg-Baustelle. Der Drachen-Bug ähnelt der figürlich gefertigten Sitzgelegenheit, über die wir uns vorhin in Rom den Kopf zerbrochen haben. Hier ist die Bedeutung sofort klar: Die Wikinger kommen! Archäologisch unklar ist, ob die Wikinger ihre Boote wirklich mit Drachen schmückten. Kreling ist das egal. Sein zeitgenössisches deutsches Publikum soll erkennen: Der Historienmaler bildet Wikinger ab und meint „die Dänen". Dass Krelings Nordmannen nicht vorhaben, mit den Handelsherren im Vordergrund friedlich ins Geschäft zu kommen, zeigt der Mittelgrund. Dort rufen Frauen, Kinder, alte Männer, also die im neuen Titel genannten „Landleute", laut um Hilfe.

Angriff der Wikinger im diffus gehaltenen Hintergrund. Kreling stellt Karls Schwert als Sicherheitsgarantie in den Vordergrund (Bildauschnitt).

Nun erlebt ihr noch einmal, was in der Historienmalerei alles möglich ist. Kreling hat Karl ja als Bauleiter fest eingeplant. Wie gesagt: Die Baustelle zu managen, das macht dieser Karl mit links. Mit der rechten Hand hält er sein Schwert, und zwar senkrecht als Machtsymbol wie Friedrich Kaulbachs Karl bei der Kaiserkrönung. Kreling steigert die Wirkung, indem er die Waffe in die Mitte seiner Komposition stellt und das blanke Metall abschreckend glänzen lässt. Krelings Kaiser steht also für zwei sehr unterschiedliche Konzepte: Für den ursprünglich geplanten Rückblick auf die Gründung einer wohlhabenden Weltstadt, zusätzlich für einen politischen Kampfruf. Und diese Kampfansage sehen wir auch klar im Hintergrund, obgleich die Farben in der Ferne verschwimmen. Fränkische Krieger schauen von einer uneinnehmbaren Steilküste auf die feindliche Flotte herab. – Nordmannen, verzieht euch!! Ihr habt schon verloren!! – Kreling könnte zugespitzter fordern: Nur ein starker deutscher Kaiser schützt uns gegen Dänen und andere Nachbarn! Bernhard Donner möchte wohl den Schiffen hinterherrufen: Kommt als ehrbare Kaufleute wieder! – Wem fällt noch etwas ein? – Kommt nicht mit Raubgut, sondern mit fair gehandelter Ware. – Da ist euch sogar eine Aktualisierung eingefallen, gewissermaßen ins Netz gegangen. Bitte merken für nachher!

Ob ich jetzt die gute Frage nach dem roten Kerl hinter Karl zulasse? Wenn ihr an das „du" denkt, dürft ihr fragen, so viel ihr wollt. Ihr erlaubt, dass ich mal wieder ein wenig aushole. Mit einigen Fakten fange ich an. Ihr erinnert euch hoffentlich, dass ich mich vor meiner Kaiserkrönung um die Abwehr der Wikinger gekümmert hatte. Das war aber weiter westlich. Was war im Norden? – Richtig: die Sachsenkriege. Genauer: Nördlich der Elbe überließ ich den Kampf gegen die Sachsen weitgehend den mit mir verbündeten slawischen Abodriten, die verstreut in der heutigen Lübecker-Lauenburger Gegend lebten, aber auch im heutigen Mecklenburg. Ich ließ die Abodriten noch weiter nördlich bis zur heutigen Kieler Förde siedeln. Das war mein Lohn für ihren Sieg gegen die Sachsen in der Schlacht auf dem Schwentinefeld beim heutigen Bordesholm, ca. zwei Jahre vor meiner Kaiserkrönung. Zugleich ein Versuch, die Wikinger abzuwehren. Auch wenn Kreling das nicht gerne hört: Dieser Versuch ging daneben. – Einspruch? Du meinst, ich wäre zu selbstkritisch? Ach so, du glaubst, ich hätte „A" und „O" verwechselt. Es heiße Obodriten. Wie schon ist es doch, wenn beide Recht oder fast Recht haben. Mein **Einhard** nennt sie lateinisch Abodriti, in anderen lateinischen Quellen heißen sie Obodriti. Auch die Schreibweise mit „t“ statt „d“ kommt vor. Doch niemand weiß, wie sich dieser Stammesverband in seiner eigenen Sprache genannt hat. Zu Krelings Zeit glaubten es einige zu wissen und zogen die Bezeichnung „Bodrizen“ aus dem Hut.

Ob Hofschule oder Heer: Kreling bringt stets bunte Vielfalt in Karls Gefolge (Bildauschnitt).

Der Hut ist unser Stichwort, mit dem wir zur Bildbetrachtung zurückkehren. Was trägt dieser rote Herr X auf dem Kopf? – !!!! – Wenn ich euer Stimmengewirr mal sortiere, dann sehen die meisten einen Turban, manche einen orientalischen Helm, einige beides und andere eine preußische Pickelhaube. Preußens „Helm mit Spitze“, wie er amtlich bezeichnet wurde, passt haargenau zum Deutsch-Dänischen Krieg. Euch von den orientalischen Fraktionen muss ich zwar entgegenhalten, dass eine Gesandtschaft des Kalifen Harun al Raschid mich in Italien, nicht in der Hammaburg besuchte. Aber ihr braucht euch noch nicht geschlagen zu geben. Allmählich dämmert euch, weshalb ich ziemlich viel von den Aboriten erzählt habe.

Klar: Krelings Herr X, der Karl im wörtlichen Sinne so nahe steht, könnte Karls abodritischer Bündnispartner sein. Vielleicht ist es sogar **Drasco**, der Sieger vom Schwentinenfeld, persönlich.

Dann wäre das Rot seines Umhangs mehr als nur Signalfarbe, nämlich das herrschaftliche Rot wie z.B. beim Sachsenherzog Widukind. Denn als ich Drasco ungefähr vier Jahre nach meiner Kaiserkrönung persönlich traf, ernannte ich ihn zum König der Abodriten. Aha, Bedenken von der Pickelhauben-Fraktion: Ihr gebt zwar zu, dass Kreling zur preußischblauen Farbtube gegriffen hätte, wenn er nichts anderes als eine fränkisch-preußische Traditions-Linie hätte zeigen wollen. Es ist euch aber unverständlich, wieso ein Abo- oder Obodrite aussehen soll, als sei er geradewegs einem Märchen aus „Tausend und eine Nacht“ entsprungen. Ja, wie soll ein Abodrite aussehen, der gleich das ihm gereichte Schwert gegen die Wikinger erhebt? Wenn Kreling so gefragt hätte, sähe sein Abodrite kaum anders aus als die fränkischen Krieger hinter ihm und wir hätten ihn gar nicht wahrgenommen. Als Historienmaler fragte Kreling anders: Wie soll sich mein Abodrite von den sonstigen Figuren abheben? Was tat ein Historienmaler nun, um seine Antwort zu finden? Er schnappte sich seine Netze und fuhr auf Fischfang! Er fischte die Kunstgeschichte rauf und runter, wobei bunter Beifang ihm meist wertvoller schien, als wenn eine gesicherte Erkenntnis im Netz zappelte. Im Falle des einzukleidenden Herrn X, alias Drasco, musste Kreling seine Netze nicht auf hoher See auswerfen. Er wurde bereits im Atelier fündig: Der orientalische Reiterhelm aus der Ingelheimer Pfalz, die roten Gewänder des Sachsenherzogs Widukind oder des zornigen Kaisers reichten, um diese Person unverwechselbar zu kostümieren. Fällt euch auf, wie sich die Motive über die Rahmen hinaus vernetzen? Ihr könnt das Netz immer feiner knüpfen.

Doch jetzt knöpfen wir uns ein letztes Mal Kreling vor und fragen nach den wahren Kernen seiner Sage in Öl von Hamburgs

Abwehr der Wikinger. Es stimmt, dass wirklich mal eine Burg erfolgreich von Franken gegen dänische Wikinger verteidigt wurde. Die Wikinger kamen aber nicht alleine, sondern hatten inzwischen die Abodriten auf ihrer Seite. Es war kein Raubzug mit ein paar Schiffen, sondern eine Belagerung. Gerettet wurde nicht die Hammaburg, sondern die Burg Esesfeld in der Nähe vom heutigen Itzehoe. Und ich war seit etwa drei Jahren nicht mehr . . . also inzwischen regierte mein Sohn Ludwig der Fromme. Er mag irgendwo zwischen Ingelheim und Aachen gedacht haben:„Es kann der Frömmste nicht in Frieden leben, wenn es den bösen Nordmannen nicht gefällt." Aber wohl erst, als die gar nicht hilflosen Verteidiger der Burg Esesfeld ohne kaiserlichen Beistand sich selbst beschützt hatten.

Da haben wir es noch mal ganz deutlich: In der Historienmalerei schrumpfen die geschichtlichen Fakten zu Wahrheitskernen, eigentlich zu Körnchen. Doch diese Körnchen gedeihen prächtig. Fest angewurzelt in der Kunst früherer Meister, zeigen uns die Sprösslinge der kleinen Körnchen, wie die damalige Gegenwart sich die Vergangenheit wünschte. – Ja, und wie sie sich die Zukunft wünschte. Vielen Dank! Dein Zusatz macht uns noch mal richtig frisch im Kopf! Denn wenn wir die lebhaft gemalten Zukunftswünsche der Krelings, Kaulbachs & Co. erraten, ernten wir manch einen fruchtbaren Gedanken für die Gegenwart. – Oh, da ist jemand anderer Meinung: Sie finden, Entschuldigung! Du findest für unser Hier und Heute die angestaubten Wünsche ziemlich daneben. Selbst als alter Kaiser stimme ich deinen Bedenken zunächst mal zu: Feinde von anno dunnemals und ein starker Kaiser, der sie verjagt, das ist wirklich Staub von vorgestern. Diesen Staub wollen wir im Bürgerschloss Bredeneek nicht schlucken. Im Gegenteil! Wie die vielsagende Wortschöpfung

„Bürgerschloss" klarmacht, ist der Leitgedanke des Eigentümers und aller Menschen, die hier mitwirken, die Bürgergesellschaft. Es geht um Gemeinsinn und gemeinschaftliche Verantwortung für die Gestaltung einer demokratischen Gesellschaft. Damit so schöne Worte nicht nur Worte bleiben, geht es auch ums Anpacken. Und nicht zuletzt um vernetztes Denken, denn die Bürgergesellschaft ist nicht nur komplex, sondern muss sich auch mit komplexen Wirkungsbeziehungen auseinandersetzen. Also viele Fragen stellen, vieles in Frage stellen. Den Blickwinkel wechseln und in jeden Winkel blicken. Statt Schubladen-Denken, ja hm, vernetztes Denken. Ich bin sicher, besser kann man das nicht sagen.

Und nun lasst mich eine Lanze für vernetztes Denken mit Hilfe der Historienmalerei brechen. – Ihr lacht ungläubig. Habt ihr nicht gemerkt, dass ich vorhin alle naselang nicht ohne das praktische Wörtchen „Netz" ausgekommen bin? Und wenn Kreling zwei Konzepte in einem einzigen Bild verwirklicht und dafür drei Titel findet, dann ist er kein Wirrkopf, sondern ein Blickwinkel-Wechsler. Also ein Denker, der vernetzt. Nun das Wichtigste: Mit euren richtigen Fragen, meine Lieben, habt ihr mir nicht nutzlose Löcher in den Bauch gefragt, sondern nach dem Motto „Loch an Loch, halten tut es doch" intelligente Netze geknüpft. Wer lernen möchte, die Maschen noch feiner, haltbarer, nachhaltiger zu knoten, fragt mal weiter beim Institut für Vernetztes Denken, das hier in Bredeneek zu Hause ist. Wie das Lehren und Lernen an meinen Pfalzen widmet sich das Institut der Jugend- und Erwachsenenbildung sowie der Forschung.

Ja, wenn ich mit meiner Bildungspolitik noch mal neu beginnen könnte: Die Bredeneeker Projekte, in denen Jugendliche lernen, ihre Zukunft nachhaltig zu gestalten, würde ich sofort übernehmen.

Einst Speisesaal der Familie von Donner. Heute bietet diese in Schleswig-Holstein einzigartige Historienmalerei den Rahmen für Feiern aller Art, Vorträge, Konzerte und standesamtliche Trauungen.

So, meine Lieben, ein Netz hat weder Anfang noch Ende. Das ist bei einer Führung anders. Ich verabschiede mich von euch mit einem Dank für die Aufmerksamkeit und mit einem großen Dankeschön, weil ihr so lebhaft mitgemacht habt! Kommt bald mal wieder! Dafür bietet das Bürgerschloss Bredeneek jede Menge Möglichkeiten. Der Förderverein veranstaltet Sommerfeste und Kinderfeste. Außerdem mehrmals im Jahr die Bredeneeker Gespräche zu Themen, die auf vielfältige Weise die Bürgergesellschaft voranbringen. Es gibt Konzerte, Märkte, Messen und manches mehr. Feiert ihr nicht bald einen runden Geburtstag oder eine Hochzeit? Ihr habt gesehen: Hier ist reichlich Platz für jede Familienfeier. –

Da melden sich schon die ersten. Was für eine Party soll es

Begleitet von Karls Hausmusik und mit Blick ins Grüne: Alles klar für eine standesamtliche Trauung.

denn werden? – Ach so, ihr wollt mir ein Trinkgeld zukommen lassen. Nein danke, ich bin doch ein Kaiser und kein Kellner. Aber der Unterhalt so eines denkmalgeschützten Bauwerks verschlingt Jahr für Jahr beträchtliche Summen. Wer zum Erhalt dieses herausragenden Kulturdenkmals beitragen möchte, kann den gemeinnützigen Förderverein mit Geld- oder Sachspenden unterstützen. Man sagt ja: „Auch die Lerche düngt den Acker." Habt ihr Lust, regelmäßig über dem Acker eure Kreise zu drehen? Dann werdet ordentliches Mitglied oder Fördermitglied. Wer in der angenehmen Lage ist, die Redewendung „Nicht kleckern, sondern klotzen" zu bevorzugen, wird mit einer Zustiftung das Engagement unserer „Treuhandstiftung Bürgergesellschaft und Kulturgut" stärken.

Für die nächste Führung steige ich wieder in mein germanisches Kostüm. Den Ausgang findet ihr alleine. Ihr kennt euch im Bürgerschloss ja jetzt bestens aus.

Zeittafel

Zeitraum	Beschreibung
Steinzeit	Ein Flint-Steinbeil lässt steinzeitliche Besiedlung im Raum Bredeneek vermuten.
Bronzezeit	Zwei Rundhügel-Gräber im Bredeneeker Wald.
1383	„Bredeneek" erstmals als Dorfname schriftlich erwähnt (frühe Versionen: Bredenbek, Bredeneck).
1442	Die Preetzer Schützengilde übereignet das Dorf Bredeneek an die Kirche in Preetz zur Finanzierung eines zweiten Pfarrers.
1605	**Benedikt von Ahlefeldt**, Gutsherr auf Gut Lehmkuhlen, kauft das Dorf Bredeneek.
1704	**Reichsgraf Heinrich von Reventlow** erwirbt Lehmkuhlen und Bredeneek. Bredeneek verliert seinen Status als Dorf und wird wie Rethwisch Nebenhof (Meierhof) zu Lehmkuhlen.

1707	**Bertram zu Rantzau auf Salzau und Ascheberg** kauft Bredeneek und Rethwisch.
1730–1797	Häufige Eigentümerwechsel: **von Güldencrone, Platzmann, von der Wettering, Reichardt, Amsinck**. Rethwisch steigt zum adeligen Gut auf. Bredeneek wird Gut Rethwischs Nebenhof (Meierhof).
1797	**Carl Emil Graf zu Rantzau auf Rastorf** kauft Rethwisch und Bredeneek, das 1806 auch zu einem adeligen Gut aufsteigt.
1829	**Conrad Hinrich I. Donner** (1774–1854, Fabrikant, Handels- und Bankkaufmann, Reeder sowie Spediteur) kauft Güter Bredeneek und Rethwisch. Somit ist er zusätzlich Gutsherr.
um 1830	**Conrad Hinrich I. Donner** lässt in Bredeneek ein kleines Herrenhaus bauen (heute rechter Gebäudeflügel). Architekt: **Johann Matthias Hansen**. Relief-Motive in der Eingangshalle von **Bertel Thorvaldsen**, dem berühmtesten Bildhauer des dänischen Klassizismus.

1860–1868	Im Auftrag **Bernhard Donners** (1808–1865, vielseitiger Unternehmer, außerdem Gutsherr wie sein Vater **Conrad Hinrich I.**) schaffen der bedeutende Historienmaler **Wilhelm von Kaulbach** und sein Schwiegersohn **August von Kreling** einen Bilderzyklus zu **Karl dem Großen** (742, 747 oder 748–814) für den Speisesaal des Landhauses Donner bei Altona. Das Landhaus entwirft **Johann Heinrich Strack**, einer der prominentesten Architekten in Preußen. Seine Gestaltung der Wände und Lichtverhältnisse fließt in die Entwürfe des Zyklus ein.
1898–1902	**Conrad Hinrich III. von Donner** (1844–1911, geadelt 1873, Freiherr seit 1902, als Unternehmer noch erfolgreicher als sein Vater Bernhard, Gutsherr) lässt Herrenhaus Bredeneek zur heutigen Gestalt mit Park erheblich erweitern. Architekt: **Albert Petersen**. Landschaftsarchitekt: **Cosmos von Milde**.

1905/06	Der Jugendstil-Künstler **Ignatius Taschner** fertigt zwei Relief-Friese für den Kamin in der Jugendstil-Halle des Herrenhauses Bredeneek (nur noch ein Fries vorhanden).
1906	**Conrad Hinrich III. Freiherr von Donner** erwirbt Gut Lehmkuhlen. Die Familie von Donner und das Bankhaus Donner & Reuschel zählen die Träger des Namens Conrad Hinrich unter Berücksichtigung des jung verstorbenen Conrad Hinrich II., den z. B. die „Chronik der Gemeinde Lehmkuhlen“ überspringt.
1909	Überführung der Karls-Gemälde vom Landhaus Donner bei Altona ins Herrenhaus Bredeneek („Kaulbachsaal“).
1911	**Conrad Hinrich IV. Freiherr von Donner** (1876–1937) erbt die Güter Bredeneek, Rethwisch und Lehmkuhlen, das er als Wohnsitz wählt. Bredeneek ist bis 1923 repräsentativer Witwensitz seiner Mutter **Bodild Freifrau von Donner**, geb. Gräfin von Holstein-Holsteinborg (1852–1927).

1912–1915	Dr. h. c. **Hermann Jacobsen**s Gärtnerlehre in Bredeneeks „Herrschaftsgärtnerei“. Als Garteninspektor des Botanischen Gartens Kiel veröffentlicht er 1954 seine Memoiren. Darin berichtet er über Bredeneek als „Privatgärtnerei“, besonders detailliert über die faszinierenden Gewächshäuser. Dieses Kapitel ist außerdem eine der seltenen Quellen zum Arbeitsleben auf Gut Bredeneek (in: Chronik der Gemeinde Lehmkuhlen, S. 131–136, s. Literaturverzeichnis).
1937	**Conrad Hinrich V. Freiherr von Donner** (1913–1944) erbt die Güter Rethwisch und Lehmkuhlen. **Tilo Walter von Donner** (1919–1944) erbt Gut Bredeneek.
Zweiter Weltkrieg	Im Herrenhaus Bredeneek werden ein Marine-Magazin und eine Abteilung für militärische Forschung des Kieler Unternehmens Hagenuk untergebracht. Professor **Albrecht Unsöld**, international bekannter Astrophysiker, wohnt nach Verlust seiner Kieler Wohnung im Bombenkrieg behelfsmäßig in Bredeneek.

1944	Die Brüder **Conrad Hinrich V.** und **Tilo Walter** sterben im selben Jahr als Jagdflieger. Ihre Mutter, **Agnes Fanny Adolfine Freifrau von Donner**, geb. von Bülow (1888–1962), erbt Gut Bredeneek. Eine Sprengbombe beschädigt das Dach und einige Wände des Herrenhauses.
Nachkriegszeit	Herrenhaus Bredeneek ist eng belegt mit Flüchtlingen. Unter **Werner Kroebel**, Professor für Angewandte Physik, entwickelt die GmbH Elektro-Institut Bredeneek Innovationen, insbesondere auf den Gebieten Medizintechnik, Kabelprüfung und Fernsehen.
1962	**Eckhard von Paepcke**, Agnes von Donners Enkel, erbt Herrenhaus Bredeneek mit Forst, Wiesen und Park (1947 bereits Hof und 105 ha Ackerland).
1966	**Ingrid und Fritz Jansen** (vorher Pächter) kaufen Herrenhaus Bredeneek und führen ein Gestüt mit Reiterhotel.
1971	Herrenhaus Bredeneek unter Denkmalschutz.
1995	Ensemble Bredeneek unter Denkmalschutz.

2000	Die Hamburger Alaska Verwaltungs AG kauft Herrenhaus Bredeneek mit Park. Die dringend notwendigen und anfangs von Alaska umfangreich durchgeführten Sanierungsarbeiten brechen ab.
2003	Das Landesamt für Denkmalpflege zieht die Gemälde des Kaulbachsaals wegen leerstandsbedingter Probleme ein und lagert sie in Schloss Gottorf. In der Ära Jansen waren bereits vier von acht veräußert worden.
2004	Der Hamburger Tischlermeister und Allroundhandwerker **Jürgen Paustian** kauft Herrenhaus Bredeneek mit Park. Rückbau (z.B. der Glasbausteine), Sanierung, Restaurierung, Möblierung.
2006	Rückführung und Restaurierung der Gemälde des Kaulbachsaals.
2008	Gründung des Vereins Stiftung Bürgerschloss Bredeneek e.V. Inzwischen: Förderverein Bürgerschloss Bredeneek e.V.
2017	Gründung des Instituts für Vernetztes Denken Bredeneek gUG (gemeinnützige Unternehmergesellschaft).
2018	Gründung der Treuhandstiftung Bürgergesellschaft und Kulturgut.

Ein Bürgermeister-Wort geht in Erfüllung

Die Zeittafel hakt im Zeitraffer Jahrtausende ab. Sie bietet in kürzester Zeit ein wenig Orientierung, lässt jedoch vieles offen. Was verbirgt sich z.B. hinter „Nachkriegszeit“, „Flüchtlingen“ und „Fernsehen“? Etwa eine TV-Suchdienst-Sendestation Bredeneek? Um dem Rätsel auf die Spur zu kommen, empfiehlt sich ein Blick durch die wirtschaftsgeschichtliche Lupe. Dieser Blick lässt zunächst vermuten, man wäre an eine biologische Lupe geraten, denn sie zeigt keine Kolonnen ökonomischer Daten, sondern einen ausgewachsenen, wohlgenährten Tausendfüßler. Dieses munter trippelnde Tierchen symbolisiert das Wiederaufbauprogramm des Kieler Oberbürgermeisters **Andreas Gayk** in seiner Amtszeit von 1946 bis 1954. Kiel sollte statt der zwei traditionellen Standbeine, die kriegsbedingt eingeknickt waren, nämlich Schiffbau und Rüstung, zahlreiche quicklebendige Füße entwickeln. Dieser Wunsch ließ sich auf das Kieler Umland einschließlich Gut Bredeneek ausweiten. Und weil Andreas Gayk seinen Wunsch in der Zeit des Wirtschaftswunders aussprach, ging er in Erfüllung. Oder vom Märchenhaften ins Ökonomische übertragen: Der Branchenmix gehörte zu den Faktoren, die den raschen Anstieg des Wirtschaftswachstums begünstigten. Die vielen Betriebe der Elektro-, Metall-, Textil-, Tabak- und Lebensmittelindustrien sowie auch wieder die Werften brachten Kiel damals voran. Erinnert sei daran, dass auch die Flüchtlinge mit Arbeitskraft, Knowhow und manch einem Firmenumzug den Kieler Tausendfüßler auf Trab brachten. Wie Bredeneek sich in den Aufschwung einordnete, wird nachher zu besprechen sein.

Zunächst krabbelt der kleine Tausendfüßler davon und wird von einem riesigen Symbol für Wiederaufbau und Wachstum abgelöst. Um fünf Hallen mit einer Ausstellungsfläche von insgesamt 30 000 Quadratmetern in den Blick zu nehmen, benötigt niemand eine Lupe. Kein Zweifel: Es handelt sich um die „Hannover Messe“. In ihrem Gründungsjahr nannte sie sich „Exportmesse 1947 Hannover“. Diese etwas sperrig klingende Bezeichnung brachte klar zum Ausdruck, worum es den britischen Besatzungsbehörden ging. Sie durften Großbritannien nicht mit einer in Hunger und Armut versinkenden Besatzungszone belasten. Die nötigen Lebensmittel- und Rohstoffimporte in ihre Zone sollten durch entsprechende Exporte ermöglicht werden, insbesondere durch Industrieexporte. Die Messe sollte den westdeutschen Export ankurbeln. Exportverträge über 31,6 Millionen $ bestärkten die Briten und dann die Bundesdeutschen, das Konzept fortzuschreiben. Ja, zum Kalten Krieg einschließlich Wettbewerb zwischen Marktwirtschaft und zentraler Verwaltungswirtschaft passte der Konkurrenzkampf mit Leipzig, dem bedeutendsten Messestandort des alten Deutschlands bzw. der Sowjetischen Besatzungszone und ab 1949 der DDR.

Es lohnt sich, das Gedankenspiel eines Besuchs der „Hannover Messe“ am Beispiel des Monats Mai 1950 zu wiederholen. Quantitativ hatte sie sich in allen Kennziffern sprunghaft gesteigert und qualitativ neu erfunden. Sie hieß nun „Deutsche Industrie-Messe“, hätte sich aber durchaus mit der Bezeichnung „international“ schmücken dürfen, denn ausländische Stände aus zehn Staaten, darunter die USA, waren hinzugekommen. 12 000 Gäste aus dem europäischen und überseeischen Ausland hatten sich angemeldet. Der Airport Hannover-Langenhagen existierte zwar erst auf dem Papier und mangels bundesdeutscher Lufthoheit fehlte die Lufthansa. Doch wer sich eine Flugreise zur Messe leisten konnte, nutzte auswärtige Fluglinien und landete auf dem Fliegerhorst Wunstorf der Royal Air Force. Die Briten konnten dort Kapazitäten für ziviles Fliegen bereitstellen, weil die Berliner Luftbrücke seit ein paar Monaten beendet war und der Koreakrieg erst einen Monat später begann. Zukunftsweisend war die Abteilung „Büroindustrie", denn daraus ging das „Centrum für Büro- und Informationstechnik" hervor – also die berühmte Cebit, die für die Jahre 1986 bis 2018 zur eigenständigen Messe heranwuchs. Mehr als die mechanischen Schreibmaschinen reizen im heutigen Rückblick die Rundfunkempfänger. Die heftige Debatte von 1950 über Sinn oder Unsinn der Ultrakurzwelle UKW/FM wirkt angesichts der Fragen bei der Umstellung vom analogen zum digitalen Hörfunk fast aktuell. Das Design der „Dampfradios" war und ist immer noch ein Augenschmaus. Das glänzend polierte Holz der Gehäuse verlieh ihnen den Rang eines hochwertigen Möbelstücks. Zwei runde Drehknöpfe und dazwischen das breite Lächeln einer Zahnreihe aus weißen Tasten konnten als Mimik eines freundlichen Familienmitglieds empfunden werden. Doch wenn das Gerät in Betrieb genommen wurde, dominierte ein drittes Auge, Magisches Auge genannt. Sein wechselvolles Spiel mit verschiedenen Grüntönen wertete die oft tüftelige Sendersuche zur magischen Handlung auf. Meist aussichtslos verlief die Sendersuche, wenn sie den Kontakt zu einer der exotischen Sendestationen herstellen sollte, die auf einer dunklen Glasscheibe vielversprechend aufgelistet waren.

Deshalb wirkt der einzige Messestand, der ein Radio mit heller, unbeschrifteter Glasscheibe anbietet, am seriösesten. Allerdings stellt sich die Frage nach der Funktion dieses Zusatzes rechts vom Lautsprecher. Ältere Messegäste bzw. diejenigen, die

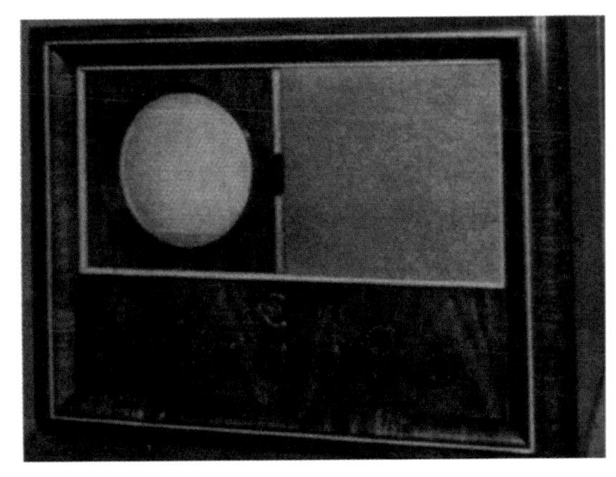

Überraschung für die Fachwelt: Der Bredeneeker Fernsehempfänger auf der Hannover-Messe 1950.

sich auf dem britischen, niederländischen, französischen oder gar US-amerikanischen Elektronikmarkt auskennen, wissen Bescheid: Dies ist gar kein Radio, sondern ein Fernsehempfänger, und zwar der erste deutsche Fernseher seit 1939, der auf einer Messe vorgestellt wird, wie das Personal dieses Stands zu berichten weiß. Mancher erinnert sich, dass die Aktiengesellschaft Philips bereits 1928 TV-Geräte anbot. Wer hinter die Glasscheibe schaut, findet einen Philips-Gleichrichter und ein paar Philips-Röhren. Man bemerkt einige Ähnlichkeiten mit Philips-Schaltungen. Doch derartige Anleihen bei dem niederländischen Konzern mit Tochtergesellschaft in Hamburg alleine hätten kein Bild zum Sprechen und schon gar nicht in Bewegung gebracht. Diese Messe-Überraschung ist keinem der großen Player zu verdanken, sondern einem der kleinen Füße des Tausendfüßlers im Kieler Raum, nämlich der GmbH Elektronik-Institut Bredeneek! Die anfangs unter britischer Aufsicht stehende Einrichtung bewegte sich auf einem hohen technologischen Niveau. Als Beispiel sei auf die innovativen Leistungen des Erfinders **Rudolf Hell** hingewiesen. Schon in den 1920er Jahren hatte er mit neuen Möglichkeiten, Bilder zu zerlegen und zu senden, experimentiert. 1929 stellte er den nach ihm benannten Hellschreiber vor, einen

Fernschreiber, der per Kabel oder Funk sendete. Nachdem sein eigenes Berliner Unternehmen im Krieg stark zerstört worden war, baute er sich im Raum Kiel eine neue Existenz auf: Zuerst am Bredeneeker Institut. 1947 schloss er sich mit einem neuen Werk dem Kieler Tausendfüßler an. Auch als Unternehmer blieb er Erfinder. Im Laufe seines langen Lebens – er wurde 100 Jahre alt – meldete er 131 Patente an.

Werner Kroebel, Professor für Angewandte Physik (Aufnahme von 1984). Unter seiner Leitung entwickelten mehrere Ingenieure den Bredeneeker Fernsehempfänger.

Auch **Werner Kroebel**, der Leiter des Bredeneeker Instituts, brachte weit mehr als 100 seiner Erfindungen zur Patentreife. In den 1930er Jahren hatte er die elektronische Fernsehübertragung sowohl wissenschaftlich als auch technisch vorangebracht. Z.B. als Fernsehpionier bei den Olympischen Spielen 1936 in Berlin. Während des Zweiten Weltkriegs standen die militärischen Aufträge an Forschung und Produktion Innovationen auf dem Gebiet des zivilen Fernsehens im Wege. Kroebel konstruierte damals in Bredeneek, das eine Abteilung des Kieler Unternehmens Hagenuk aufgenommen hatte, ein Bildschirmgerät für den U-Boot-Krieg. Mit diesem Marine-Wellenanzeiger orteten U-Boot-Besatzungen gegnerische Flugzeuge, ohne verräterische Strahlung abzugeben. 1947 transformierte Kroebel das Bredeneeker Laboratorium in eine GmbH mit einer friedlichen Angebotspalette und den Marine-Wellenanzeiger in einen Fernseher. Sich selbst erfand er ebenfalls neu, indem er einen Ruf auf den Lehrstuhl für Angewandte Physik der Universität Kiel annahm.

Obgleich die Bredeneeker Entwicklungsarbeit unter sehr bescheidenen Bedingungen geleistet wird, z.B. im Wintergarten, ist sie selbst ein Vielfüßler. Auf der Industriemesse im Jahr 1950 präsentiert sie nämlich zusätzlich ein umfangreiches Programm an elektronischen Messgeräten, das sich auch auf Diagnose und Therapie im medizinischen Bereich erstreckt. Der Nutzen solcher Entwicklungen leuchtet schnell ein. Doch was ist mit dem Bredeneeker Fernseher anzufangen, wenn weit und breit kein Fernsehprogramm ausgestrahlt wird? – Nicht in Hannover, nicht in Kiel, nicht in Bredeneek. Das Stand-Personal rät zu etwas Geduld: Schon im nächsten Monat wird der Nordwestdeutsche Rundfunk NWDR in Hamburg mit Probesendungen beginnen. Die Studios sind provisorisch in einem Hochbunker auf dem Heiligengeistfeld untergebracht, welches durch das Volksfest „Hamburger Dom" bekannt geworden ist. In öffentlichen Fernseh-Stuben nahe beim Fernseh-Bunker werden die Bredeneeker Versuchsgeräte einen Testfilm zeigen. Für einen Privathaushalt sind die Geräte im Moment kaum erschwinglich, denn sie kosten fast 3000 DM – ohne Antenne. Dafür muss ein Arbeiter drei Monate lang schuften. Eine Arbeiterin erheblich länger. Wieder wird um Geduld gebeten: In absehbarer Zeit könne der Preis auf 1200 DM sinken.

Das Bredeneeker Elektro-Institut hat sich einen hochrangigen

Platz in der Technikgeschichte der Television verdient. Dagegen hatte es am kommerziellen Höhenflug des Fernsehens als Massenmedium keinen Anteil. Auf dem Wege zur Globalisierung der Märkte verlor Gayks Tausendfüßler die meisten seiner einst so turnschuhfitten Füßchen. Die Elektronik-Marke Bredeneek stolperte ebenfalls aus dem Blickfeld. Aber das Pantoffelkino eilte bekanntlich von Triumph zu Triumph. Z.B. erlebten 1969 weltweit schätzungsweise 500 bis 600 Millionen Menschen an ihren Bildschirmen die Expedition Apollo 11, die erste bemannte Mondlandung. Obgleich es schwerfällt, sich einen zum Mond fliegenden Tausendfüßler vorzustellen, darf man sagen, dass die mit dem Mondflug-Projekt beauftragte National Aeronautics and Space Administration NASA ökonomisch gesehen ein Tausendfüßler ist. Genauer: Ein Tausendfüßler XXL, denn die NASA benötigte mehr als 20 000 Unternehmen und Universitäten, um zunächst vier menschliche Füße auf der Oberfläche des Erdtrabanten herumspringen zu lassen.

Abschließend sei die anfangs verwendete wirtschaftsgeschichtliche Lupe auf einen der Füße des NASA-Tausendfüßlers gerichtet. Es handelt sich um das Unternehmen Thate in Preetz, das nicht unwesentlich zum medialen, technischen und wissenschaftlichen Erfolg von Apollo 11 beitrug. Die Astronauten fotografierten mit dicken Handschuhen bei extremen Temperatur- und Lichtverhältnissen. Auch mit herumwirbelndem Staub war zu rechnen. Für diese fotofeindlichen Bedingungen baute Hasselblad die Fotoapparate. Zeiss lieferte in Kooperation mit dem Kieler Unternehmen Anschütz die passenden Objektive, deren Profilringe in Preetz nicht einfach gegossen, sondern höchst präzise geformt wurden. Alfred Thate hatte die Firma Thate 1951 in der Preetzer Kirchenstraße gegründet. Im Raum Chemnitz hatte er den Beruf des

Metalldrückers erlernt. Heute spricht man vom „Konstruktionsmechaniker im Bereich Feinblechbautechnik“. Der Zweite Weltkrieg ließ Alfred Thate in Bredeneek stranden, wo er dank seines Knowhows bald eine Anstellung fand – und zwar in der GmbH Elektro-Institut Bredeneek. Nicht weit von Bredeneek beweist die GmbH Thate weiterhin, dass der gewerbliche Mittelstand gar nichts mit Mittelmäßigkeit zu tun hat – ganz im Sinne der Vision vom tatkräftigen Tausendfüßler. Angemerkt sei schließlich, dass Bredeneek seit 2017 wieder ein innovatives Institut beherbergt, nämlich das Institut für Vernetztes Denken Bredeneek gGmbH (gemeinnützige Gesellschaft mit beschränkter Haftung).

Der Herr des Hauses spricht

Ein Interview mit Jürgen Paustian, geführt von Margot und Peter Semlies im September 2019

Warten kann als nervtötend empfunden werden. Doch hier in der Bibliothek des Bürgerschlosses Bredeneek wird das Warten auf den Hausherrn zu einem sehr willkommenen Erlebnis. Eine schwer zu schätzende Anzahl von Büchern schaut uns an, aufbewahrt in Vitrinenschränken, deren Eichenholz uns unweigerlich in die Zeit der vorletzten Jahrhundertwende zurückversetzt. Statt der bibliotheks-typischen Leiter führen Treppenstufen zu einer Galerie, die es erleichtert, sogar die direkt unter der Kassettendecke versammelten bibliophilen Schätze unfallfrei herauszuziehen. In diesem anheimelnden Ambiente ließe es sich gemütlich schmökern und träumen. Doch uns ist sofort klar, dass in diesem Raum nicht geträumt wird. Denn drei Schreibtische voller sorgsam abgelegter Vorgänge schreien um die Wette: „Sie haben noch nicht ... du musst jetzt ... mach endlich !!!“ Auch wir widerstehen der Versuchung, ins Träumen abzugleiten. Warten heißt Er-Warten. Wir erwarten vom vereinbarten Interview große Gefühle. Nämlich das bittere Entsetzen über den Zustand des Herrenhauses, als Herr Paustian es 2004 erwarb. Ebenfalls erwarten wir natürlich den hochbefriedigten Stolz des Retters eines denkmalgeschützten Kulturgutes. Ferner rechnen wir mit spannenden Erzählungen von Pleiten, Pech und Pannen, die trotz aller Widrigkeiten ein glückliches Ende nehmen.

Während wir uns noch einmal fragen, ob wir besser mit dem

Jürgen Paustian, Bredeneeks Eigentümer und Retter.

Ärger oder beim Happy End beginnen, ist er schon längst ohne jegliche herrschaftliche Geste eingetroffen: Jürgen Paustian, der dieses Herrenhaus für seinen jetzigen Ruhestand aussuchte – jedoch nicht um zu ruhen, sondern um sich fit zu halten, indem er das Herrenhaus für Öffentlichkeit sowie Nachwelt in Stand setzt und erhält. Sein Outfit zeigt uns unmissverständlich: Die Stunden an den Schreibtischen sind ein Muss. Doch seine Leidenschaft gehört den Werkstätten im Keller. Und deshalb fragen wir ihn gleich, ob er sich mit der Bezeichnung „Allroundhandwerker", die ihm in der Zeittafel zugeschrieben wird (s. dort), identifizieren kann. Er wehrt höflich ab. Der Ausdruck ist ihm zu neumodisch. Er ist Tischler mit Meisterbrief – Punkt. Somit ist die Tonlage seiner Antworten bereits vorgegeben:

Herr Paustian hält sich an Fakten. Wir werden ihn nicht zu Selbstlob oder zu großen Gefühlen verleiten können. Er wird uns eine atemraubende Achterbahnfahrt zwischen Spannung und Spaß ersparen. Doch erzählen mag er durchaus, auch von sich selbst. So erfahren wir, dass er gerne Architektur studiert hätte. Weil er sich in Hamburg selbstständig gemacht habe, sei für so ein Studium außerhalb der Hansestadt die Zeit zu knapp gewesen. Wenn wir sein hanseatisches Understatement etwas absenken, dürfen wir also sagen, dass er bereits in jungen Jahren zum erfolgreichen Unternehmer für Innenausbau aufstieg.

Die Bibliothek: Ein Privatgemach – nicht nur zum Schauen und Schmökern, sondern auch ein Arbeitsplatz.

In welchem Zustand übernahm er Bredeneek? Er bleibt bei einer nüchternen Betrachtungsweise. Die Alaska Verwaltungs AG, die frühere Eigentümerin, habe für ein witterungsfestes Dach gesorgt, manch eine Unansehnlichkeit beseitigt und mehrere Sanierungsarbeiten angefangen. Diese Anfänge setze er fort. Z.B. habe die Alaska in der hölzernen Dachkonstruktion manch einen verrotteten Sparren ausgewechselt. Ein Jahrzehnt lang habe er immer wieder gefährdete tragende Teile und außerdem Deckenbalken erneuert. Trotz seines ausgeprägten Sinns für Fairness kann er es sich nicht verkneifen, die folgende Beobachtung weiterzugeben: Die Herren von der Alaska seien eher nicht durch Blaumann und Pick-up aufgefallen, sondern hätten Maßanzüge und Luxuslimousinen bevorzugt.

Nun erzählt Herr Paustian von einer Aufgabe, an die wir noch gar nicht gedacht haben, die er als gewissenhafter Denkmalschützer jedoch sehr ernst nimmt. Es geht um den Rückbau. Aus der Ära Jansen, die dem Alaska-Intermezzo vorangegangen war, übernahm er Glausbaustein-Wände, die dem Neoklassizismus den Geschmack der 1960er Jahre aufdrängten. Sehr praktisch, aber aus der Sicht des Denkmalschutzes eine Umbau-Sünde war eine Einfahrt, die in den Keller führte. Und die Alufenster durften selbstverständlich ebenfalls nicht bleiben. Es waren also nennenswerte Rückbauarbeiten erforderlich. Beim Stichwort „Fenster" schmunzelt der Hausherr. Als er sich erstmals in den schlossartigen Räumlichkeiten umsah, sei er von fröhlich klingendem Gesang empfangen worden. Die Vogelwelt des Parks schwirrte durch das verlassene Gebäude. Erst nach der Erneuerung von 36 Fensterscheiben waren Gezwitscher, Nestbau und Gekleckse nach draußen verwiesen.

Bei diesem Stand des Gesprächs wittern wir unsere Chance, den Hamburger Handwerksmeister emotional aus der Reserve zu locken. Wir fragen ihn, ob er mal mit dem Gedanken gespielt habe, aufzugeben. Er verneint. Wir fragen, was er empfand, als er sein Ziel erreicht hatte. Er verneint wieder und korrigiert unsere Denkweise: Eine Restaurierung dürfen wir uns nicht als fest umrissenes To-do-Programm vorstellen, sondern eher als eine Unendliche Geschichte. Dazu ein Zahlenbeispiel: Bisher wurden 3000 m Elektrokabel neu verlegt. Vom alten Kabelbestand existiert kein einziges Zentimeterchen mehr.

Und um ja nicht als Angeber dazustehen, bricht er seine Bredeneeker Unendlichkeit ab und betont, die Restaurierungsarbeit werde ihm dadurch erleichtert, dass doch vieles vom ursprünglichen Zustand noch vorhanden sei. Als Beispiel zeigt er uns –

Ansicht von der Galerie aus.

nicht ganz ohne Stolz – seine zwei kunstvoll gefertigten Bibliotheksschlüssel.

Der eine existierte noch und wurde zum Muster für den zweiten. Herr Paustian ist also doch ein Allroundhandwerker, ja, obendrein ein Kunsthandwerker. Auch als Tischler hat er sich in der Bibliothek verewigt. Die Treppe zur Empore war bei seinem Einzug einfach nicht mehr vorhanden. In diesem Falle gab es kein Vorbild. Dank meisterlicher Kreativität steht hier eine Holzkonstruktion mit Doppelfunktion. Sie ermöglicht nicht nur Auf- und Abstieg, sondern bietet einen Ehrenplatz für Goethes „Faust" in einer Mammutausgabe, die in den Schränken keinen Platz findet.

Winziger Blickfang: Der Schlüssel zur Bibliothek.

Zwei Meisterwerke: Jürgen Paustians Aufgang zur Bibliotheks-Galerie als Ehrenplatz für Goethes „Faust".

Wir erkundigen uns, ob das Bibliotheksmobiliar die einzige Möblierung war, die Herr Paustian beim Einzug vorfand. Ja, er habe – abgesehen von den Singvögeln – vollkommen leere Räume mit kahlen Wänden übernommen. Die meisten Möbelstücke, die heute zum Gesamteindruck beitragen, stammen aus seiner eigenen reichhaltigen Sammlung. Mit Kronleuchtern und zahlreichen Gemälden habe er die Ära Donner nachempfunden. Den gewaltigen Tisch in der Jugendstilhalle – Herr Paustian nennt sie Diele – habe das Landesamt für Denkmalpflege zur Verfügung gestellt.

Dass Restaurierung und Modernisierung sich nicht ausschließen müssen, erklärt Herr Paustian am Beispiel des Heizens. Er lässt nämlich das gesamte Herrenhaus im Verbund mit der nachbarlichen Biogasanlage wärmen. An diesem herbstlich kühlen Tag können wir bestätigen, dass Biowärme sich sehr angenehm anfühlt, und genießen sie einen ruhigen Moment lang. Der Hausherr nutzt unser Schweigen für eine Anmerkung, die ihm sehr am Herzen liegt: Wenn er davon spreche, dass er etwas gemacht habe, sollen wir immer davon ausgehen, dass er viel Unterstützung gehabt habe. Wie die Maler des Kaulbachsaales im Team gearbeitet haben, so sei auch Bredeneeks Wiedergeburt das Werk vieler hilfsbereiter Menschen. Herr Paustian nennt einige Namen und merkt bald, dass diese Liste den Rahmen unseres Interviews mit Sicherheit sprengen würde. Wir schauen auf die Uhr. Sehr bescheiden und sehr beschäftigt hatte Herr Paustian gemeint, eine halbe Stunde müsse reichen, um Bredeneeks bisherige Ära Paustian zu besprechen. Die halbe Stunde ist längst überschritten. Gleich beginnt im Kaulbachsaal wieder eine Veranstaltung aus der Reihe „Bredeneeker Gespräche“. Wir wollen nicht unpünktlich sein. Also schließen wir.

Aber das Stichwort „Kaulbachsaal“ verhindert so ein abruptes Ende. Es wäre unverzeihlich, die Rückführung der Ölgemälde des Kaulbachsaals von Schloss Gottorf ins Bürgerschloss Bredeneek zu unterschlagen. Deshalb händigt Herr Paustian uns mit den Worten „Denkmalbehörden brauchen wir, na ja ...“ einen respektablen Aktenberg als Hausaufgabe aus. Beim Studium dieser

Papiere erkennen wir, was Herr Paustian mit seiner Bemerkung meinte. Wenn die in Schleswig-Holstein einzigartigen Historien-Gemälde im Jahre 2003, also gegen Ende der Alaska-Zeit, nicht auf Geheiß des Landesamtes für Denkmalpflege ausgebaut und im Landesmuseum Schloss Gottorf fachgerecht gelagert worden wären, hätten sich die vorhandenen schlimmen Schäden wegen des damals ungünstigen Raumklimas gefährlich ausgeweitet. Auch Diebstahl wäre nicht auszuschließen gewesen. Fotos zeigen, wie feucht-gruselig es hinter der Ölmalerei ausgesehen hatte: Die Wände einer Geisterbahn können nicht hässlicher sein.

Gut drei Jahre ruhten die Kunstwerke in der Obhut des Landesmuseums, aufgespannt in Kisten bzw. auf Lagertrommeln gerollt. Als Herr Paustian im Jahre 2006 die Rückführung nach Bredeneek erwirkte und die Restaurierung der Bilder organisierte, beteiligte sich das Landesamt an den Kosten im mittleren fünfstelligen Euro-Bereich mit einem hilfreichen Anteil. Anschließend wurde der Kaulbachsaal kostspielig als ästhetische Gesamtheit gestaltet und natürlich mit einer konservatorisch sinnvollen Heizung ausgestattet.

Diese Maßnahmen wurden amtlicherseits engagiert durch Ratschläge und Auflagen begleitet. Aber es flossen keine Fördermittel mehr. Wir vergegenwärtigen uns noch einmal die drei Schreibtische in der Bibliothek. Damals tobten auf diesen bestimmt nerven- und zeitfressende Papierkriege, gewissermaßen Kaulbachsaal-Schlachten. Z.B. wurde der Antrag auf einen Zuschuss für die klug ausgetüftelte Installation der Heizsäulen abschlägig beschieden, da die Heizung „eher der Optimierung der Nutzung als dem Denkmal als solchem" diene. Wenn man diese Kunstauffassung zu Ende denkt, hätten die Historien-Gemälde in ihren Kisten und Lagertrommeln bleiben sollen.

Zum Glück denkt und handelt Herr Paustian ganz anders.

Gemeinnütziges Engagement auf Bredeneek

Dr. Oliver Winzer

Ein Herrenhaus als Ausgangspunkt bürgerschaftlichen Engagements, als Stätte des offenen Gedankenaustausches oder als Ort für gepflegte Gesprächskultur? Das hört sich ein wenig angestaubt an, erweist sich jedoch bei näherer Betrachtung als aktueller denn je. In der Blütezeit der schleswig-holsteinischen Herrenhausarchitektur im 18. Jahrhundert fungierten viele Häuser als regionale Zentren für Forschung, Dichtung oder Musik und spiegelten so den weltoffenen Geist ihrer Eigentümer wider. Auch wenn Bredeneek erst im 19. Jahrhundert erbaut wurde, finden sich in seiner wechselvollen Geschichte Zeitabschnitte, in denen es als regionales Zentrum für Kultur und Wissenschaft fungierte.

Mit viel Mühe ist es dem jetzigen Eigentümer seit 2004 gelungen, den Charakter des Hauses für die Zukunft zu bewahren; wer Bredeneek heute erlebt, spürt immer noch den inspirierenden Geist des Ortes und kann sich seinem Charme sowie der davon ausgehenden Anziehungskraft nicht entziehen – eine geeignete Umgebung, um alleine oder in einer Gruppe kreativ zu arbeiten.

Ein denkmalgeschütztes Herrenhaus behutsam zu restaurieren und zu renovieren, hat sehr viel mit nachhaltigem Handeln und klugem Weitblick zu tun. Letzteres gilt auch für die Absicht des Eigentümers, das Objekt mittelfristig in das Eigentum einer Stiftung zu überführen.

Alle zwei Jahre wieder: Das beliebte Bredeneeker Kinderfest.

Vor diesem Hintergrund lag es 2008 nahe, auf Bredeneek die gemeinnützige Stiftung Bürgerschloss Bredeneek als eingetragenen Verein zu gründen, um die Sanierung und Erhaltung des Kulturdenkmals sowie die Bürgerbildung, mit Schwerpunkt auf der Methode des vernetzten Denkens, zu fördern.

Die Anwendung des vernetzten Denkens bezeichnet eine Schlüsselkompetenz der Zukunft und basiert auf der systematischen Erfassung von Wirkungszusammenhängen innerhalb eines gewählten Problembereiches. Die bereits vor mehr als vierzig Jahren entwickelte Methode ist universell anwendbar und wird heute in ihrer praktischen Nutzung durch zeitgemäße IT-basierte Werkzeuge unterstützt. Um junge Menschen frühzeitig für Nachhaltigkeit zu sensibilisieren, ist es sinnvoll, an den Schulen im Rahmen von Projektwochen und Planspiel-Wettbewerben Themen, wie z.B. Müllvermeidung, Energieeinsparung oder umweltfreundlich produzierte Kleidung, mit den Methoden des vernetzten Denkens zu bearbeiten.

Da mit der Zeit die Vorhaben zur Durchführung der Projektwochen und Planspiel-Wettbewerbe immer umfangreicher wurden, gründete der Verein 2017 für deren Abwicklung das Institut für Vernetztes Denken Bredeneek in der Rechtsform einer gemeinnützigen Unternehmergesellschaft mit Haftungsbeschränkung. 2018 konnte das Institut in Schleswig-Holstein das landesweite Projekt „Jugend gestaltet nachhaltige Zukunft“ akquirieren und führte dafür bis 2021 an 48 Schulen Projektwochen durch.

2020 war für das Institut ein besonderes Jahr. Im Frühjahr wurden Fördermittel für ein dreijähriges Projekt zur Fahrradförderung in Schleswig-Holstein eingeworben. Dann kamen zwei Projektaufträge für insgesamt 27 Schulprojektwochen in Nord-West- sowie Nord-Ost-Niedersachsen hinzu, und im Herbst konnte das Vorhaben „Jugend gestaltet nachhaltige Zukunft“ um weitere 15 Schulen erweitert werden. Im Verlauf des Jahres erfolgte, als wichtiger Schritt, zusätzlich die Umwandlung der Rechtsform des Instituts in eine gemeinnützige Gesellschaft mit beschränkter Haftung (gGmbH). Weitere Projektvorhaben befinden sich in Planung.

Um die gemeinnützige Arbeit der beiden Organisationen auf eine langfristige Grundlage zu stellen, initiierte der Verein 2018 die Gründung der Treuhandstiftung Bürgergesellschaft und Kulturgut, die zukünftig aus den Erträgen ihres Stiftungskapitals zur Finanzierung entsprechender Projekte beitragen soll. 2020 wurde schließlich der Verein Stiftung Bürgerschloss Bredeneek in Förderverein Bürgerschloss Bredeneek umbenannt, um in der

Außendarstellung eine Verwechslung mit der Treuhandstiftung auszuschließen.

Innenminister Hans-Joachim Grote (links) und Stefan Sievers (Mitte), Geschäftsführer der Gesellschaft für Energie und Klimaschutz Schleswig-Holstein, überreichten im März 2018 auf Bürgerschloss Bredeneek Günter Kalin (rechts), Geschäftsführer des Instituts für Vernetztes Denken, einen Zuwendungsbescheid über 501.270 € Gesamtausgaben für das Bredeneeker Kooperationsprojekt „Jugend gestaltet nachhaltige Zukunft".

Neben den genannten Aktivitäten veranstaltet der Förderverein regelmäßig die Bredeneeker Gespräche, ein Jahresprogramm aus Vortrags- und Diskussionsveranstaltungen, die aktuelle Themen aus unserer Gesellschaft aufgreifen und sich eines regen Zuspruchs von Interessierten erfreuen. Das gemeinnützige Engagement auf Bredeneek verfügt mit dem Verein, dem Institut sowie der Treuhandstiftung über eine flexible und zukunftssichere organisatorische Plattform, die in der schleswig-holsteinischen Bürgergesellschaft beispielhaft ist.

Aber jedes noch so durchdachte organisatorische Konzept ist nicht funktionsfähig ohne die Menschen, die sich z.B. als Vereinsmitglied engagieren und mitarbeiten, die Ideen und Projekte fördern, die an eine der drei Organisationen spenden, die an die Treuhandstiftung zustiften oder die sich einfach nur für unsere Arbeit interessieren. Nehmen Sie mit uns Kontakt auf. Wir freuen uns auf Sie.

Literatur

Bubert, Ingo und Walter, Hanspeter: Gutshöfe, Herrenhäuser und Schlösser im östlichen Holstein. 5. Aufl. Schellhorn 2003.

Buttlar, Adrian von und Meyer, Margita Marion (Hgg.): Historische Gärten in Schleswig-Holstein. Heide 1996.

Chronik der Gemeinde Lehmkuhlen. Hg. v. d. Gemeinde Lehmkuhlen. Preetz 2006.

Dörge, Kristina in Zusammenarbeit mit der Conrad Hinrich Donner Bank AG: CHD. 1798 1998. Hamburg 1997.

Erfundenes Mittelalter. In: Wikipedia. Die freie Enzyklopädie. Bearbeitungsstand: 02.06.2020, 09:46 UTC. URL: https://de.wikipedia.org/w/index.php?title=Erfundenes_Mittelalter&oldid=200552293.

Frenssen, Gustav: Otto Babendiek. Recklinghausen 1996 (Erstausgabe Berlin 1926). Bd. 2. S. 84f: Erwähnung der Helene Donner unter dem Namen Gräfin Einsiedel.

Genoux, Jörn: Die kurze Blüte der Kieler Industrie. In: Kieler Nachrichten. 21.08.2014. URL: https://www.kn-online.de/Nachrichten/Wirtschaft/Die-kurze-Bluete-der-Kieler-Industrie.

Götz, Norbert und Berger, Ursel (Hgg.): Ignatius Taschner. Ein Künstlerleben zwischen Jugendstil und Neoklassizismus. München 1992.

Hoffmann, Paul Th.: Die Elbchaussee. Ihre Landsitze, Menschen und Schicksale. 9. Aufl. Hamburg 1977.

Imhof, Michael und Winterer, Christoph: Karl der Große. Leben und Wirkung, Kunst und Architektur. 3. Aufl. Petersberg 2015.

Kaiser und Kalifen. Karl der Große und die Mächte am Mittelmeer. Hg. v. d. Stiftung Deutsches Historisches Museum. Berlin, Darmstadt 2014.

Kunst-Topographie Schleswig-Holstein. Bearbeitet im Landesamt für Denkmalpflege Schleswig-Holstein und im Amt für Denkmalpflege der Hansestadt Lübeck. Neumünster 1969.

Lafrenz, Deert: Gutshöfe und Herrenhäuser in Schleswig-Holstein. Hg. v. Landesamt für Denkmalpflege Schleswig-Holstein. Petersberg 2015.

Maresch, Hans und Doris: Schleswig-Holsteins Schlösser, Herrenhäuser & Palais. Husum 2006.

Mehlhorn, Dieter-J.: Architektur in Schleswig-Holstein. Vom Mittelalter bis zur Gegenwart. Kiel, Hamburg 2016.

Möring, Maria: 175 Jahre Conrad Hinrich Donner. Hamburg 1973.

Pauselius, Peter: Die Entwicklung des Fernsehens in Preetz. In: Jahrbuch für Heimatkunde im Kreis Plön. 43. Jg. 2013. S. 181–216.

Paustian, Jochen: Guts- und Schlossgärtnereien in Ostholstein. Eine historisch-geographische Untersuchung. Kiel, Hamburg 2018.

Rumohr, Henning von: Schlösser und Herrenhäuser in Ostholstein. Ein Handbuch. Neubearbeitet von Cai Asmus von Rumohr. 3. Aufl. Würzburg 1989.

Schulte-Wülwer, Ulrich: Die Bilder zur Geschichte und Sage Karls des Großen von August von Kreling und Wilhelm von Kaulbach für den Altonaer Kaufmann Bernhard Donner. In: Nordelbingen. Beiträge zur Kunst- und Kulturgeschichte. Bd. 46. Jg. 1977. S. 62–94.

Tetzner, Karl: Hannover – größte Leistungsschau der deutschen Industrie. In: Funk-Technik. 5. Jg. 1. Juniheft 1950. Nr. 11. S. 326f, 331–333: GmbH Elektro-Institut Bredeneek.

Wenners, Peter: Schleswig-Holstein und Dänemark. Geschichte im Spiegel der Literatur. Heide 2019.

Bildnachweis

Alle Bilder von Dirk Thede, außer:

Donner & Reuschel Aktiengesellschaft, Hamburg: S. 24, 61, 68.

Evangelisch-Lutherische Christuskirchengemeinde Hamburg-Othmarschen: S. 11, 19.

Hans-Werner Hansen: S. 124.

Landkreis Dachau, Landratsamt: S. 30.

Dr. Norbert Langfeldt: S. 7, 122.

Peter Pauselius, Stadtarchivar Preetz, s. Die Entwicklung des Fernsehens in Preetz. In: Jahrbuch für Heimatkunde im Kreis Plön. Hrsg. v. Arbeitsgemeinschaft für Heimatkunde im Kreis Plön e.V.. 43. Jg. 2013. S. 181, 185: S. 106, 107.

Privat: S. 10.

Michael Tegethof: S. 6.

ullstein bild – Franz von Hanfstaengl: S. 59.

ullstein bild – imageBroker/BAO: S. 60.

ullstein bild – Heritage Images: S. 25.

WIKIMEDIA COMMONS. Datei: `El triunfo de la Iglesia, de Rubens.jpg`. URL: `https://commons.wikimedia.org/w/index.php?title=File:El_triunfo_de_la_Iglesia,_de_Rubens.jpg&oldid=618901946`: S. 63.

WIKIMEDIA COMMONS. Datei: Friedrich Kaulbach - Krönung Karls des Großen.jpg. URL: https://commons.wikimedia.org/w/index.php?title=File:Friedrich_Kaulbach_-_Kr%C3%B6nung_Karls_des_Gro%C3%9Fen.jpg&oldid=573245380: S. 78.

WIKIMEDIA COMMONS. Datei: La scuola di Atene.jpg. URL: https://commons.wikimedia.org/w/index.php?title=File:LascuoladiAtene.jpg&oldid=617461500: S. 47.

WIKIMEDIA COMMONS. Datei: Wartburg Saengerwettstreit.jpg. URL: https://commons.wikimedia.org/w/index.php?title=File:WartburgSaengerwettstreit.jpg&oldid=413247859: S. 45

Personen oder Institutionen, welche sich trotz unserer intensiven Recherchen in ihren Rechten an diesen Abbildungen übergangen sehen, wenden sich bitte an den Verlag.

Danksagungen

„Jetzt nur noch die Danksagungen“, dachte ich. Aber schnell wurde mir bewusst, dass noch einmal eine ebenso gewichtige wie reizvolle Aufgabe vor mir lag. Denn die Geschichte dieses kleinen Führers scheint mir im dankbaren Rückblick nicht weniger umfangreich zu sein als die Geschichte des großen Bürgerschlosses. So vielen Mitmenschen darf ich herzlich für vielfältige Mithilfe danken, dass ich eigentlich auf das mehrfach angesprochene vernetzte Denken zurückgreifen müsste, um all die Leistungen, Anregungen, Gefälligkeiten in ihrem Zusammenwirken zu erfassen und zu würdigen. Doch wegen der vom Format her gebotenen Kürze beschränke ich mich weitgehend auf ein lineares Verfahren, wobei das Wörtchen „ohne“ eine zentrale Funktion übernehmen wird. Um nicht in Versuchung zu geraten, meine Dankbarkeitslinie bis zu Karl dem Großen zurückzuverfolgen, halte ich mich an den bekannten Vers des Dichters Hermann Hesse: „Und jedem Anfang wohnt ein Zauber inne“. Ja, so begann es: Das Bürgerschloss Bredeneek zog mich in seinen Zauberbann, so dass ich magisch angetrieben in einem Rutsch die drei Rundgänge zu Papier brachte. Nein, es begann etwas anders. Denn ein Herrenhaus zaubert nicht. Dafür sind Feen zuständig. In diesem Falle hieß die gute Fee **Margot Semlies**. Ihr Zauberspruch, ohne den mein Engagement für das Bürgerschloss nie ins Rollen gekommen wäre, lautete: „Kommst du mit zur Bredeneeker Sommermesse? Ich hätt Lust!“

Ohne **Jürgen Paustian**, Eigentümer und Retter des Bürgerschlosses, wäre kaum noch etwas vom Herrenhaus übriggeblieben, worüber ich hätte schreiben mögen, nachzulesen in seinem Interview.

Ohne **Dr. Oliver Winzer**s programmatische Gedanken, nachzulesen in seinem Artikel „Gemeinnütziges Engagement auf Bredeneek", hätte es keinen Anstoß zum Bredeneek-Führer-Projekt gegeben.

Mein Vater **Jürgen Semlies** versteht es, Geschichte ohne Sandmännchen-Effekt lebendig werden zu lassen. Ohne seine kurzweiligen Erzählungen, mit denen er mich schon als kleinen Knirps für Geschichte begeisterte, hätte ich die Rundgänge nicht in einem Stil verfassen können, der Plagiatsvorwürfe ausschließt und hoffentlich zum Weiterblättern reizt.

Ohne meinen genialen wie geduldigen IT-Berater **Arnold Ziehmer** hätte ich mich mit meinem eigenwilligen PC heillos zerstritten.

Ohne die speziellen Kenntnisse zu Bredeneeks Technikgeschichte des Ehepaars **Helga und Peter Weimann** hätte mein Kapitel „Ein Bürgermeister-Wort geht in Erfüllung" nie das Licht der Welt erblickt. Zur Reife gelangte es durch Fotos und inhaltliche Ergänzungen aus der Abhandlung „Die Entwicklung des Fernsehens in Preetz" von **Peter Pauselius**, dem Preetzer Stadtarchivar. Zugänglich wurde mir dieser Jahrbuchbeitrag durch **Julia Meyer** M. A., Geschäftsführerin des Museums des Kreises Plön und 1. Vorsitzende der Arbeitsgemeinschaft für Heimatkunde im Kreis Plön e.V.

Ohne **Dirk Thede**s unermüdliche Kamera-Arbeit – mal bei Sonnenaufgang, oft lange nach Sonnenuntergang – wäre der Führer wie Kino ohne Leinwand. Ohne **Annette Brown**s Layout wäre der Führer wie ein Spielfilm ohne Cut. Ohne ihr Tempo wären wir nie fertig geworden, zumal wir ohne ihre Erfahrungen, z.B. als Autorin und Antiquarin, kaum eine Sackgasse ausgelassen hätten. Ohne den ca. fünf Jahre andauernden, stets handlungsorientierten Diskurs mit **Günter Kalin** und **Dr. Norbert Langfeldt** wäre das Führer-Projekt wie Dreharbeiten ohne den Produzenten. Zur Verdeutlichung möchte ich den Begriff „handlungsorientierter Diskurs“ ins Niederdeutsche übertragen: „Schnacken köönt se all, Doon is'n Ding.“

Ohne Filmproduktion und -verleih läuft in den Kinos gar nichts. Ohne Druckerei und Verlag bleiben die Buchhandlungen leer. Zu danken ist deshalb der Husum Druck- und Verlagsgesellschaft mbH und Co. KG, insbesondere dem Ehepaar **Alix und Ingwert Paulsen**, für die fruchtbare Zusammenarbeit, welche ihnen bei diesem ehrenamtlich getragenen Vorhaben ein besonders hohes Maß an Geduld abverlangte.

Wer Kunstwerke betrachtet, möchte meist die Kunstschaffenden per Porträt persönlich kennenlernen. Ohne den Erfahrungsaustausch mit dem NDR-Journalisten **Hans-Jürgen Otte**, ohne die Unterstützung durch **Elly Borgmann** vom Landratsamt Dachau und **Franziska Pertsch** von der Bildagentur ullstein bild hätte ich nicht zeigen können, in welchen Posen die Bredeneeker Künstler der Nachwelt im Gedächtnis bleiben wollten.

Auf den Bredeneeker Rundgängen mag sich der Wunsch einstellen, auch den Personen ins Angesicht zu schauen, die hier gelebt haben. Ohne Rat und Tat seitens **Conrad Hinrichs VII. von Donner** sowie des Bankhauses **Donner & Reuschel**, ferner seitens **Britta Carstens** und **Anne-Kathrin Zieglers** von der Evangelisch-Lutherischen Christuskirchen-Gemeinde in Hamburg-Othmarschen wären Familie Donner bzw. von Donner und der Architekt Albert Petersen, der Bredeneek neu erfand, optisch fremd geblieben.

Ohne die tiefschürfenden Gespräche mit **Frithjof von Bodungen** hätte ich manch einen in der Bredeneeker Jugendstilhalle verborgenen Schatz nicht gehoben. Ohne ein paar Werke aus **Volker Liebichs** Bücherregalen wäre meine Informationsbasis um einige bedenkenswerte Details ärmer gewesen. Ohne die kleine, sehr aufmerksame Leserschaft vor der Drucklegung, nämlich **Götz von Donner**, **Dr. Norbert Langfeldt**, **Eckhard Edler von Paepcke**, **Gisela Schulz-Bohl** und **Dr. Oliver Winzer**, wären zahlreiche notwendige bzw. nützliche Änderungen unterblieben.

Bredeneeks Netz historisch-kultureller Bezüge reicht über die Schwentine und die Spolsau hinaus an die Elbe und an den Rhein, letztlich europaweit von Skandinavien bis zum Mittelmeerraum. Ohne **Michael Tegethofs** Lageplan gerät aus dem Blick, wo denn dieses Herrenhaus und Bürgerschloss zu finden ist.